国際金融の
フロンティア

経済協力・開発・通貨競争の最先端

神田眞人 [著]
Kanda Masato

財経詳報社

刊行によせて

　益々、競争が激化し、流動化する国際社会の中で日本が繁栄するためには、綿密な状況分析と先見的な戦略に基づき、強かに海外と交渉して有利な国際制度を構築すると共に、国内構造も、国際競争力を確保できるよう改革していかなければならない。国益への高い志と地政学的戦略をもって国際交渉と予算編成の双方の最前線に長く携わってきた筆者は、国際金融の豊富な経験とその政策的含意を、最新の事例を紹介しつつ、本書で読者に共有している。本書が、経済や国際関係に携わる方はもとより、日本人が、国際社会で一層活躍できる契機となることを願ってやまない。

JR東海代表取締役名誉会長　葛西 敬之

序　文

　人類社会、とりわけ国際経済は大きな変貌を遂げ、これまで当然視してきた諸制度が溶解すると共に、新たな環境に適応する新たな秩序の模索が続いている。これに失敗すれば不幸な乱世に戻り、人類の繁栄は終止符を打つ可能性さえある一方、成功すれば、次の社会進化の過程に入ることができる。国際社会の安寧を享受して生きていくより他ない我が国にとっても、現下のハイリスクと新たに広がる可能性を認識し、この模索の営みに積極的に貢献すると共に、我が国にとって有利で、ひいては、世界的に公正な環境づくりに導く好機である。

　大きな変貌は枚挙に暇ないが、本書の関係で特にレレバントなものを三つだけ挙げる。

　まず第一に、経済プレゼンスの大きなグローバルシフトが進展している。IMF統計を用いて世界経済に占める名目GDPシェアを計算すると、1992年に日本は15.4%、G7全体で三分の二を超える67.9%であったが、昨年は日本6.0%、G7で半分以下の46.1%に縮小した。他方、同時期に、中国は2.0%から13.4%に、BRICS全体で5.6%から22.0%に拡大した。日本は中国の半分以下となった。これには途上国の生産性向上、先進国の人口低迷と少子高齢化に加え、経済格差が少なくとも中期的には為替にも影響するので、ドルベースでは二重に効いてくるところもあろう。

　また、より実質的な購買力平価（PPP）ベースのGDPシェアを見ると、1992年に日本は8.1%、G7で約半分の46.6%であったが、昨年は日本4.4%、G7で三分の一を切る32.2%となった一方、中国は4.55から16.3%に、インドは3.5%から6.8%に、BRICS全体では17.0%からG7に拮抗する30.1%に伸長した。特に、中国が16.1%の米国を越えて世界一になったこと、そして、日本が

中国の3割以下、インドの三分の二以下となったことが衝撃的である。第1部第1章の「インフラについて」で触れているアジアインフラ投資銀行（AIIB）もこういった流れの中の氷山の一角であり、またAIIBの出資比率においてもPPPベースがカウントされており、無視できない話である。

今後については、OECDが2035年の名目GDPを試算しているところ、中国24.3％、米国19.3％、インド11.3％、日本4.1％、また、G7の35.3％をBRICSが43.0％と逆転する姿となっている。最近の上海株式市場に端を発する市場の混乱の背景には、過剰設備の解消、人口減少に対応した社会保障制度の構築、金融部門全体の不良債権処理といった構造問題が存在するとも見られ、現に、ニューノーマル政策による成長率目標の逓減や、所謂、李克強指数等と公式統計の乖離をみても、全くこの通りになるとは思えない。しかし、中国経済の停滞はグローバル市場を通じて、各国経済にも悪影響を及ぼすところもあり、トレンドとしては現段階ではこのような方向なのだろう。特に、インドは、構造改革や規制緩和が停滞しているものの、あしもと中国を上回る成長を見せ、人口ボーナスも2040年頃まで見込めるだけでなく、国連の人口推計によれば、2100年には、インドが16億6000万人、中国が10億400万人となる一方、日本は8300万人まで減少する見込みとなっている。アフリカも人口増が見込まれており、世界の資本は、資源獲得だけでなく、将来の消費市場を見込んでアフリカ投資でリスクテークを高めていると言われている。経済の将来は不確実性が高いが、その重要な要素であるデモグラフィーは移民効果がない限り、数十年はほぼ統計学的に確定するため、注視しなければならない。

我々の仕事で悩ましいことには、第2部第1章の「資金の流れの大変貌」でも触れておいたが、グローバルなルールを積み上げてきた主体、例えば、経済協力でいえばOECDの開発援助委員会（DAC）や輸出信用作業部会（ECG）、公的債務を取り扱う主要債権国会議（パリクラブ）といった組織に、経済力を高めた新興国が加盟していないことである。我々が世界のためによりハイスタンダードで縛りあっても、その枠外のロースタンダードの世界が拡大していけば、我々が国益を損なうだけでなく、世界を守ることもできない。アウトリー

チ活動で新興国の参加を求めているが、十分に奏功していないのが現状である。もう一例挙げれば、地球環境問題に対応する緑の地球基金（GCF）が創設されたが、世界第二の経済大国である中国が拠出しないという現実があり、経済力と国際責務が分裂しているところに今の国際交渉の難しさが存在する。

　第二に、IT等の技術革新のもと、グローバル化が進展し、人、情報、もの、資金が国境を無視して激しく動くようになって久しく、資金面での変容については第2章の「資金の流れの大変貌」において詳述している。そして、近年は更に、国境概念自体が溶解してきている。過去にも、ソ連、ユーゴの解体のあと、チェコスロバキアの分裂等もあったが、昨年のスコットランド危機をはじめ欧州各国内での過激化する独立運動は、植民地支配の名残として恣意的、人為的に引かれた中東・アフリカ等の国境というフィクションの不安定化が欧州のあしもとでも強まっている証左である。

　最近のより深刻な現象はいうまでもなく、「イスラム国」（ISIL）といった完全に国境を無視したテロ集団の跋扈である。これは、1648年のウエストファリア条約以降の主権国家を機軸とする枠組みを根本的に揺るがしている。支配の構造や正統性を覆し、就中、国際関係の世俗主義を宗教中心に引き戻そうとしているが、これを一掃できる見込みは立っていない。

　蓋し、人、情報、物、金のグローバル化は、環境、エネルギー、感染症、食料から金融や核管理まで、問題の所在もその処方箋も共に国家を超えた地球規模のものとしてきた。第二次世界大戦後の欧州統合の進展や、ブレトンウッヅ（世銀・IMF）を中心に様々な国際機関による国際協調が進む一方で、テロや犯罪も国家を超えた存在となり、国際協調の限界に挑戦している。仮想空間には文字通り国境が存在せず、サイバーテロのように一部国家が破滅的なゲームに加担する場合もあるし、第2部第2章「通貨の現状」で少し触れた金融活動作業部会（FATF）における仮想通貨（ビットコイン）等への対応の試みは、国家を跨るテロ組織による国家が法定しない通貨の活用という新たな次元に直面したことによる。

　こういった国家を超えるベクトルに対し、逆に、民族主義、地方分権、直接

民主主義が強まり、現象的にもNGOの活躍や住民投票の多発といった国家の分裂、乃至、より小さな単位へのベクトルも強くなり、主権国家は上と下の双方向からの挟撃に直面しており、我々の主権国家を核とする「国」際交渉も更なる進化が求められている。

第三にこれと関係するが、問題を有効に解決するための意思決定の仕組みが各国で機能不全に陥っている。IT化により情報の普遍化が劇的に進んだことにより、大衆民主主義が良くも悪くも席巻し、これまた、我々が当然視してきた西洋的デモクラシーの前提が脅かされている。知性に基づく対話に依拠して世論を指導してきた知識人層なるものが消滅の危機に瀕し、市民社会のインテグリティーが後退すると共に、時代精神が短期的、物質的、感情的、利己的となり、政治も、ポピュリズムとポラライゼーションによって混乱する傾向がある。例えば、あしもと、ギリシャ債務危機が世界に悪影響を与えているが、ギリシャをはじめ関係各国の国民も、仮に、長期的に持続可能な途を考えれば、自ずとウイン・ウインの合理的な処方箋がみえてくるはずであるが、そうはなかなかならない。これにはギリシャよりも重い債務を抱え、危機的状況にある我が国財政と同じ問題に根ざしているところもある。

最早、旧態依然たる環境認識、古色蒼然たる現状維持策だけでは、座して死を待つのみである。

本書では、このような問題意識に立って、最近の国際金融にかかる交渉や国際レジウム改革にかかる政策と実践を可能な限り具体的に記している。

第1部は経済協力・開発の最先端を取り扱う。第1章のインフラ支援では、現下、経済的にも地政学的にも注目を浴びているインフラ構築における考え方や歴史的経緯、そして本年、最も耳目を集めたアジアインフラ投資銀行（AIIB）問題や、日本政府がアジア開発銀行（ADB）等と協力して提唱した「質の高いインフラパートナーシップ」等についても解説している。第2章の「海外経済協力の包括的改革」は、国際協力機構（JICA）の円借款や開発投融資、国際協力銀行（JBIC）の投融資等の改革を網羅的に説明し、その中で、インフラを官民パートナーシップ（PPP）で推進するための新たな取組みも紹介

している。第3章の「アルゼンチンの公的延滞債務解消」は、国際交渉の努力で債務国が持続可能なパスに戻ると共に、我が国を含む債権を保全することが可能であることの実例を示すと共に、他方、ハゲタカファンドのために民間債務の整理は滞っていることにも触れている。これはウクライナでも同様の問題が惹起し、公平な債務処理をどう実現するか悩ましいところである。第4章の「保健政策閣僚級東京会合」は我が国の開発政策の成功事例である。防災とユニバーサル・ヘルス・カバレッジは日本の得意分野であるが、後者について、世界銀行と日本で共同研究を行い、その成果を、東京での閣僚級国際会議において世界に共有したものであり、努力をすれば、日本も政策面で国際貢献できるし、世界でのプレゼンスを向上できることを示している。エボラ感染症の勃発を受けて保健分野の重要性が再認識され、先般のG7、G20でも重要なアジェンダとなった。引き続き、日本のリーダーシップが期待できる分野である。

　第2部は通貨の最先端の状況分析である。第一章の「資金の流れの大変貌」において、官から民へ、先進国主体から中進国主導へ、単純な融資から複雑なプロジェクトファイナンスへ、といった動きが、いかにマグニチュードが大きく、また、急速なものであり、政策対応が迫られてきたかを解説している。第2章の「通貨の現状（ドル・ユーロ・円・人民元）」では，人民元の急激な勃興，円の低迷，ドル化の進展等の現状を分析し，IMFが最早，時間の問題とする人民元SDR採用関係や，金融の兵器化（経済制裁等）といった現象とその影響にも触れている。

　第3部は日本の金融・資本市場の改革の取組みについて、金融庁・財務省が事務局として運営してきた金融資本市場活性化有識者会合の提言、追加提言を紹介する形で説明している。第一に、豊富な家計資産と公的年金が成長マネーに向かう循環を確立させるべく、GPIF改革、NISA普及促進、投資信託抜本改革等を、第二に、企業の競争力の強化、起業の促進を図るべく、スチュワードシップコード、コーポレートガバナンスコード公表等を、第三に、アジアの潜在力の発揮・地域としての市場機能の向上と日本との一体的な成長を促進するための諸施策に加え、24時間365日といった国内決済の高度化等を、第四に、

人材育成・ビジネス環境の整備等のため、行政の英語化のみならず、教育を含む公共インフラの英語化や交通アクセスの向上に至るまで、幅広い提言を行っている。

　上記のように、本著では、国際金融の最新の課題への対応や新たな施策を、最新データも活用した現状分析を踏まえて、できるだけ具体的に、かつ、将来の政策的含意を念頭において解説している。世界の激動は国際金融にとどまらず、他分野で戦っておられる読者にも参考になると確信する。ただし、専門的な知識がないと難解な部分があるので、より基礎的な説明としては、拙編著『図説　国際金融』を参照されたい。また、文中、意見にわたる部分は筆者の私見にすぎないことをお断りしておく。

　何よりも、財経詳報社の宮本弘明氏、里見由香氏の献身的な作業なくしては本著の存在はありえなかった。心より感謝申し上げる。

　最後に、本著を両親、満州男と一枝に捧げる。

平成27年9月吉日

　　　　　　　　　　　　　　　　　　　　　　　編著者　　神田　眞人

目　次

序　文

第1部　経済協力・開発の最先端

第1章　インフラ支援 … 2
1．途上国支援におけるインフラ投資の位置付け … 2
2．ADBと我が国のイニシアティブ … 10
3．終わりに … 14

第2章　海外経済協力の包括的改革について … 19
1．包括的改革の背景 … 19
2．JICA円借款の改革 … 21
3．JBICインストルメントの改革 … 31
4．JICA海外投融資の改革 … 35
5．日本政策投資銀行（DBJ）を活用した海外インフラ投資 … 36
6．参考（日ASEAN特別首脳会議にて表明された経済協力案件） … 37

第3章　アルゼンチンの公的延滞債務解消について … 39
1．背　景 … 39
2．合意内容 … 40
3．評　価 … 41

第4章　保健政策閣僚級東京会合 … 43

第2部　通貨の最先端

第1章　資金の流れの大変貌 … 52
1．問題意識 … 52
2．実態把握 … 56
3．背景分析 … 81

ix

4．政策的含意 ……………………………………………………… 84
　　5．結び …………………………………………………………… 93

第2章　ドル、ユーロ、円、人民元―通貨の現状― …………… 97
　　1．パースペクティヴ ……………………………………………… 97
　　2．フレームワーク ………………………………………………… 103
　　3．通貨の使用状況のストックテイク …………………………… 105
　　4．円の国際化と現地通貨 ………………………………………… 112
　　5．開発政策・経済協力と通貨 …………………………………… 115
　　6．SDR ……………………………………………………………… 116
　　7．結びに代えて …………………………………………………… 118

第3部　市場改革の最先端（金融版成長戦略）

第1章　金融・資本市場活性化について
　　　　　―金融・資本市場活性化に向けての提言― ……………… 122
　　1．経　緯 …………………………………………………………… 122
　　2．基本認識と戦略 ………………………………………………… 123
　　3．具体策 …………………………………………………………… 126
　　4．総　括 …………………………………………………………… 136

第2章　金融・資本市場活性化について（追加提言）
　　　　　―金融・資本市場活性化有識者会合の新提言― ………… 138
　　1．経　緯 …………………………………………………………… 138
　　2．追加提言の考え方 ……………………………………………… 139
　　3．追加提言の具体的施策 ………………………………………… 141

第1部

経済協力・開発の最先端

第1章
インフラ支援について

1．途上国支援におけるインフラ投資の位置付け

(1) 序　歴史的流れ

　インフラ構築は日本のお家芸である。より正確に言うと物理的な社会資本の構築と併せた人的資本の形成が日本の比較優位であり、国内経済政策と途上国開発政策の双方において、インフラと人材育成を長年に亘り一貫して重視し、実績を積み重ねてきた。明治政府の努力はいうまでもなく、戦後も、東海道新幹線、東名高速道路、黒部ダム等の基幹インフラを、世銀融資も活用しつつ優先的に整備し、高度経済成長を支える礎を築き上げた。しかし、小生にとってインフラの重要性は当然であっても、世界の開発パラダイムにおいては必ずしも一本道ではなかった。

　経済・社会発展におけるインフラ整備の重要性は早くから指摘されていたが、資本投資の一要素と扱われることが多かった。例えば、1993年に世銀が発表した「東アジアの奇跡[1]」においては、民間投資の高さが高成長に与えた貢献が強調される一方、政府が果たしたインフラ供給の役割については、「民間部門による投資やビジネス環境を整備する補完的役割」と位置付けられていた。

　そうした中、小生が最初に世銀に勤務した1994年のWDR（World Development Report）[2]が初めてインフラそのものに焦点を当て、当時のインフラ開発のバイブルとなった。そこでは、既に、維持管理の重要性や環境への配慮といった質の側面を含め、政

---

[1] "The East Asian Miracle"（World Bank Policy Research Paper, Oxford University Press 1993）p221 - 223 John Page を中心に取り纏められた。その後の展開を検証した "Rethinking the East Asian Miracle"（Oxford University Press 2001）でも、産業政策等に焦点があたり、インフラには余り触れられていない。

[2] "Infrastructure for Development：World Development Report1994"（The World Bank 1994）

府によるインフラ供給を改善する制度的インセンティヴが不十分であるという問題を抽出し、処方箋として、商業的経営、競争プロセスの導入、インフラの利用者の関与等を通じた、インフラの効率と質の向上が提言されている。本稿の後半では、本年5月に総理、財務大臣が打ち出されたアジア地域のインフラ整備に対する日本のイニシアティブ「質の高いインフラパートナーシップ」を紹介するが、その中核コンセプトが、「質の高いインフラ整備を、アジア開発銀行（ADB）との協働や民間資金の動員を通じて量的にも確保するパートナーシップ」であるところ、インフラの質の確保と市場・民間活力導入の必要性は上記の通り、20年前に既に示唆されており、これをどう実現するかが課題であり続けた証左である。

しかし、その後の様々な研究は、民間資本を呼び込む契約・規制環境を整備する重要性を示唆し続ける一方、「公共投資それ自体はリスキーか無駄」という考え方も少なくなかった[3]。こうした中で、インフラ整備は、その特有のリスクの存在にもかかわらず、「民間の資金とノウハウで構築可能である」との過度の期待や、「健康や教育等の社会セクターや環境分野に開発資金をシフトすべき」という強い圧力[4]のもと、1990年代半ばから援助機関において流行外れとなっていく。特に、一部環境NGOによる、時に暴力的ともいえる運動の結果、大型ダム建設等から世銀が撤退せざるをえなくなり、世銀の高い基準を満たさない乱開発が世界で野放しとなる一方、世銀自体は社会セクターへと傾斜していった[5]。

その後、世銀は環境・社会ガイドラインを強化、充実させる努力を続けると共に、NGO等市民社会を開発プロセスに包摂していくシステムを構築していった。財務省においても、1997年にはNGO協議会を設置、定期的に開発コミュニティの意見を政府の施策に取り入れる試みを展開したほか、JICA、JBICのセーフガード・ポリシーも世界最高水準にまで強化されてきている。

グローバルな開発潮流におけるインフラ投資の位置付けは、このように紆余曲折を経てきたが、ここ1、2年、途上国開発や世界経済をめぐる議論において、インフラ投資が注目を集め、顕著な動きが見られた。本稿ではこれについて概説する。なお、執筆に当たっては池田洋一郎氏を中心に、宇多村哲也氏、春木哲洋氏の貴重な協力を得た。

---

*3) Shahid Yusuh "Development Economics through the decades"（The World Bank 2009）p54-55
*4) Paul Collier "The Bottom billion"（Oxford University Press 2007）P108
*5) 拙著『世界銀行超活用法序説』（学校経理研究会、2012）p34-p37参照。なお、世銀におけるNGOとのパートナーシップ向上の必要性は既に1997年改革（所謂Strategic Compact）で公式化されている（前掲拙著P108-116）。

（2） 最近の動き

① 根本的な構造変化

　国際金融、開発における最大の環境変化は民間資金が国際的な資金の流れの圧倒的な中心となり、ODAにとってかわったことである。IT革命等の結果、国際金融市場が真にグローバルで効率的なものとなり、また、冷戦終結や多くの国の市場経済化により、民間資本の厚みと流動性が抜本的に増強された。

　例えば、OECD諸国から開発途上国への資金フローを見ると、1990年にODA73％、OOF18％、民間資金8％であったものが、2012年にはODA34％、OOF6％、民間資金60％と、ODAと民間資金の主従が大きく逆転する[*6]に至っている。但し、民間資金を動員できる環境にない最貧国においては、なお、ODAが9割近くを占めている。

② 国際社会におけるインフラ投資の重要性に関する認知

　国際社会において、経済成長におけるインフラ投資の重要性が再認識されるとともに、アジアにおいて2010年から2020年までの11年間において約8兆ドルのインフラ需要があるという試算[*7]がADBから公表されるなど、その需要の大きさが注目されるようになった。

　例えば、昨年11月のブリスベンでのG20サミットコミュニケ[*8]においては、「世界的な投資及びインフラの不足への対処は、成長、雇用創出及び生産性の引き上げにとって極めて重要」であることが明記されるとともに、「公共及び民間の良質のインフラ投資を引き上げるための複数年にわたる作業計画である、グローバル・インフラストラクチャー・イニシアティブを承認する」ことが盛り込まれた。

　さらに、このG20サミットを受けて、議長国がオーストラリアからトルコに移った後のG20財務大臣・中央銀行総裁会議コミュニケ[*9]（2015年2月、イスタンブール）においても、

　「民間部門の更なる参加を呼び込むために、公共投資プロセスの質の改善、融資可能なプロジェクト数の増加、そしてPPPモデルの改善、を進める方策を引き続き促進する」、

　「知識共有のプラットフォームの構築、データ不足への対処、そしてインフラ・プロジェクトの統合データベースの構築などを通じて、グローバル・インフラストラクチャー・

[*6] 詳しくは、拙稿『資金の流れの大変貌（上）、（中）、（下）』（「ファイナンス」2014　6，7，8）参照。
[*7] "Infrastructure for a seamless Asia"（ADB, ADBI 2009）
[*8] G20 Leaders' Communiquè Brisbane Summit, 15–16 November 2014
[*9] Communiquè, Meeting of G20 Finance Ministers and Central Bank Governors（Istanbul, 9–10 Feb.2015）

イニシアティブ（GII）に示されている我々の目標の達成に貢献する、グローバル・インフラストラクチャー・ハブ（GIH）の早期の稼働を期待している」、

といった形で、インフラ整備の促進に係る具体的な方策が明記された。

主要な国際会議における議論と併せて、世銀やADB等の国際開発金融機関においても、最近、特に民間の資金とノウハウの動員を通じたインフラ整備を促進するための革新的なメカニズムが創出されている。例えば、世銀は、増大するインフラ資金需要に対応するため、インフラ支援ファシリティ（GIF：Global Infrastructure Facility）を設立した。GIFは、インフラ・ファイナンスのプラットフォームと位置付けられ、「インフラ案件の発掘と準備のための技術支援（上流）」、及び「民間金融機関や開発金融機関との協調融資等のアレンジ（下流）」を行っていく見込みである。また、ADBは、アジア地域における同様の枠組としてAP３F（Asia Pacific Project Preparation Facility）を設立した。これは、「インフラ案件の発掘と準備のための技術支援（上流）」に特化して活動を行っていく予定である。我が国は、こうしたイニシアティブを支持しており、2014年11月のG20ブリスベン・サミットの際に、GIF及びAP３Fへ、それぞれ1,500万ドル、4,000万ドルの資金貢献の意向を表明している。

③ 我が国の動き

冒頭述べたとおり、我が国はインフラ投資の「老舗」であり、国際社会が上述のようなインフラ重視の姿勢を打ち出す遙か以前から、この分野を途上国支援の柱とするとともに、海外において本邦企業が比較優位を発揮できる最も有力な分野と位置付けてきた。

前者については、今冬、改訂・改称された「開発協力大綱（2015年２月10日閣議決定）」がその「基本方針」の一つとして掲げている「自助努力支援と日本の経験と知見を踏まえた対話・協働による自立的発展に向けた協力」を具体化するために重視する分野として、「人づくりや経済社会インフラ整備」が挙げられている。日本の開発援助には、他の先進国と比して借款の割合が相対的に高いとの特徴があるが[*10]、これは、途上国に返済義務を課す借款は、無償資金協力に比すれば、良質な案件選択と自助努力を促す効果を持つ、との考え方によるものである。また借款中心という援助の特徴は、相対的に規模が大きく経済的リターンが測定しやすいインフラ整備が、我が国による支援の主要な柱とされてきたことの背景を説明するものとも言えるだろう。

インフラ整備は、今後も日本の開発援助の中核であり続けるであろう。他方、気候変動、

[*10] 我が国のODA支出総額に占める借款の割合は53％と無償資金協力（27％）、技術協力（20％）を大きく上回るのに対して、他の主要先進国は無償資金協力が主要援助ツールとなっている（英：82％、米：96％、カナダ：75％、フランス：39％、ドイツ：32％）（2012年DAC統計、支出総額ベース）。

災害、食料危機・飢餓、感染症等の国境を越える問題や、脆弱国・地域が抱える政治的不安定性や人道危機といった世界各地のあらゆるリスクが、我が国を含む世界全体に直接的な悪影響を及ぼし得る状況がある一方で、古今東西最悪の財政状況や数千万人規模の人口減少が科学的に確定している日本の今日の状況下では、これまで以上に、効果的、効率的な国際貢献の展開が必要となることは、「開発協力大綱」でも強調されている。具体的には、政府一丸となった開発援助の実施は言うまでも無く、「日本の強みが生きる分野」への優先順位付けや民間の資金・ノウハウのさらなる動員、そして市民社会、自治体、そして大学等幅広い主体とのパートナーシップ構築といった工夫が求められる。

　後者、即ち、本邦企業の海外展開の側面については、2013年3月に内閣官房に設けられた「経協インフラ戦略会議」を司令塔に、総理、大臣が先頭に立ったトップセールス[*11]など、官民一体の戦略的対応や、数々の制度改正を行ってきた。とりわけインフラ輸出に直結するJICAの支援ツールの改革においては、現地通貨建て海外投融資の導入や、PPP（Public-Private-Partnership）を通じたインフラ整備を促進するための3つの新型円借款（EBF：Equity Back Finance、VGF：Viability Gap Funding、PPP-Stand by）の創設を実現[*12]した。後者は、途上国政府がPPPインフラ・プロジェクトに対して出資金、収支補填、及び保証を提供する際の財源を、低利・長期の円借款から提供することを通じて、PPPインフラ・プロジェクトへの途上国政府の主体的な関与を引き出し、もって、プロジェクトの成案・成功の確率を上げることを意図したものである。さらに、円借款のより一層の迅速化を実現するべく、「事前資格審査（P/Q）」と本体入札の一本化の積極活用、標準入札書類の使用義務化の徹底、及び同一セクター等の複数案件に対して、包括的に円借款の供与を行うセクター・プロジェクト・ローンの本格活用等に取り組むこととしている。

　政府一丸となったこうした努力の結果、我が国のインフラ輸出及び事業投資による収入額は、2010年の約10兆円から、2013年末時点で、約16兆円へと16％増加し、2030年の30兆円という目標値に向けて着実に前進を続けている。

　他方で、いわゆるタイド円借款である「本邦技術活用条件（STEP）」については、2013年4月には、金利を0.1％まで引き下げると同時に、先進国に拠点を置く我が国企業の子会社からの調達も原産地ルールの対象とする等の柔軟化を実施したものの、相手国政府からは、金融条件がよくとも本体価格が高いこと等を理由に競争入札の実施を求められるとい

[*11) 2014年実績は、総理・閣僚等によるトップセールス実施件数が127件（内、総理32件）、そのうち、民間も同行する経済ミッションは27件であり、2012年の48件（内、総理10件）、経済ミッション5件から数倍となっている（出典：第18回経協インフラ戦略会議（2015年6月2日）席上配付資料）。
[*12) EBF, VGF等の詳細については拙稿『海外経済協力の包括的改革について』（ファイナンス2014.2）参照。

った例が増えるなど、ファイナンス面での支援が限界に達しつつあるのも事実である。今後は、案件形成の段階からの関与や、企業によるさらなるリスクテイクの姿勢と共に、合理化、迅速化や、相手国の状況に応じたスペックダウンによる価格競争力の強化が必要となっているといえるだろう[*13]。

④ 中国のイニシアティブ

さて、ここでアジアにおけるインフラ投資のダイナミズムの例として、中国のイニシアティブであるアジアインフラ投資銀行（AIIB）について触れておこう。

2013年9月、習近平中国国家主席は、カザフスタン訪問時に、「ヨーロッパとアジア諸国との経済関係強化」を目的とする「シルクロード経済ベルト構想」を発表し、更に翌月の10月にはインドネシア訪問時に「中国とASEAN等との経済関係強化」を目的とする「21世紀海上シルクロード構想」を打ち上げるとともに、AIIB構想を提唱した。

そのおよそ1年半後の本年3月には、中国政府により、上記二つのシルクロード構想（「一帯一路」）を実現するための計画（「シルクロード経済ベルト及び21世紀海上シルクロードの推進・共同建設に関するビジョンと行動」）が発表され、「一帯一路」は、アジア・欧州・アフリカ及び世界各国の互恵協力のため、各国とともに、①政策に関する意思疎通、②インフラの連結性の向上、③貿易の円滑化、④資金の融通、⑤民心のつながりを推進するものとされた。そして、AIIB、シルクロード基金、BRICS銀行等が「一帯一路」を資金面から支えるインストルメントとして位置付けられたところである。

シルクロード基金は、中国人民銀行が主導する中国単独の機関であり、中国の外貨準備65億ドル等を財源とする100億ドルを初期資本として既に創設済みであり（中国は最終的に400億ドルとすることを予定）、4月20日には、第一号案件となる「パキスタン水力発電所プロジェクト」が発表された。

これに対し、AIIBは中国財政部が主導するマルチの国際機関であり、欧州各国を含む57か国が創設メンバー候補国として名を連ねている。AIIBの融資等の業務資金の原資は、加盟国からの出資金を元手に市場から調達した資金であり、これに一定のマージンを乗せた商業ベースの融資が借入国へ提供される見込みである。当初は500億ドル程度とみられていたAIIBの授権資本は、交渉参加国が57か国に増えたため1,000億ドルとされた。出資シェアについては、域内国の上位5か国は、中国298億ドル、インド84億ドル、ロシア65億ドル、韓国37億ドル、オーストラリア37億ドルとなっており、域外国の上位5か国は、ドイツ45億ドル、

[*13) 荒木光弥「羅針盤　懸念されるインフラ輸出戦略」（国際開発ジャーナル2015.6）、拙稿『超有識者場外ヒアリングシリーズ　荒木光弥先生』参照。

フランス34億ドル、ブラジル32億ドル、英国31億ドル、イタリア26億ドルとなっている。
　出資シェアはGDPを基礎として決められたため、中国は2位のインドの3倍ものシェアを誇る第1位となっており、中国は、投票力（出資シェアに各国共通の一定の基礎票等を乗せて算定）においても26％と第1を占める。AIIBの設立協定では、特にガバナンスに関係するような重要事項の意思決定には75％以上の投票力による支持を要することとされているため、中国はIMFにおけるアメリカと同様、重要事項に関する拒否権を持つこととなる。その上、本部が北京、初代総裁の下馬評も中国人（AIIB設立多国間暫定事務局長の金立群氏）、理事会は非常駐となっているため、中国はAIIBの運営において大きな影響力を持つ見込みである。
　6月29日、57か国の創設メンバー候補国が参加し署名式が行われ、50か国が設立協定に署名した。署名しなかった7か国（タイ、フィリピン、クウェート、マレーシア、南アフリカ、デンマーク、ポーランド）は、国内手続きの遅れ等によるとされているが、創設メンバーとして加盟するには本年末までの署名が必要となる。中国はAIIBを年内に始動させることを目指しており、AIIBの設立協定は10か国以上の国が批准し、その投票力が50％以上となった場合に発効することとされているところ、署名後の各国における議会手続きはチャレンジングなものとなろうが、これが実現する可能性は高い。また、AIIBには、交渉に参加した57か国の他にも10数か国ともいわれる加盟申請国がいると言われており、その加盟時期や可否については不明な点はあるものの、いずれ加盟国数でADBを超えることもあろう。
　ただし、少なからずの優秀な官僚が設立に携わっていることを個人的にも認識しているものの、AIIBが設立されて間もなくは、具体的なプロジェクトのパイプラインもなく、案件を形成する人材も十分でないことから、独自プロジェクトへの融資が大規模に行われるには一定の時間がかかる[14]であろう。こうした中、AIIBが開発金融にかかる高いスタンダードを持つ世銀やADB等のプロジェクトとの協調融資を行うことは、我が国としても歓迎するところである。AIIBの設立協定の署名を受けて、ADBの中尾総裁はAIIBとの間で協調融資を進めていく意向を表明した。AIIBにおいてもADBsとの協調融資を積極的に模索するとしており、今後の展開に期待したい。
　我が国は、現時点で、AIIBへの参加・不参加を決めていない。我が国としては、AIIBがアジアの膨大なインフラニーズへの一助となり得る取組みであると理解しているものの、しかし、特に加盟国を代表する理事会がきちんと個別案件の審査・承認を行うなど公正な

[14) ADBの場合、1966年の設立から一号案件の理事会承認（1968年1月）まで約2年を要した。

ガバナンスが確立できるのか、借入国の債務持続可能性を無視した貸付により、他の債権者にも損害を与えることにならないか、そして、環境・社会に対する影響への配慮が確保されるか、といった懸念が払拭されていないと考えている。現時点ではセーフガードについて未だ原案も作業中の模様であり、最終的にはAIIBの理事会で策定されることとなる。従って、今後とも、中国との対話を継続[*15]しつつ、他国と協働しながら必要な改善を求め、慎重に対応を検討していくこととなろう。なお、こうした考え方は、米国とも完全に共有しており、2015年4月末の日米首脳会談後の記者会見において、オバマ大統領は、安倍首相の発言を幾度も引用しつつ、AIIBの運営が、環境やコミュニティへの配慮等について、既存開発金融機関が長年に亘り築き上げてきたベスト・プラクティスに基づいてなされることの重要性を強調している。

　さて、現在では世論も落ち着いている[*16]が、5月の総選挙を意識したと言われる英国が3月12日に交渉参加を表明したことを契機に、仏・独・伊が3月17日に雪崩を打って続いた頃、「バスに乗り遅れるな」的な論調が躍ったことがあった。当然、欧州等の動きは、財政・外交当局でも事前に把握し、要路に報告しつつ、適切に判断を仰いできた訳であるが、欧州と我が国の決定的な相違としては、以下の3点が挙げられるだろう。第一に、地政学的な関心の違いである。即ち、欧州にとっての中国の海洋問題等は、アジアにとってのウクライナ問題のようなものであること、従って、欧州にとっては中国人民元オフショア市場といった中国政府とのビジネスの関係が考慮の比重として大きかったと考えられる。第二に、欧州の出資比率は、まとまっても全体の25%以下に抑えられる「域外国」である一方、我が国は仮に加盟すれば全体の75%を占める「域内国」に分類され、しかも大国であることから、ステークも出資額も欧州諸国とは一ケタ違う。第三に、日本は域内の責任ある大国であり、一定の格付けを有する我が国の参加はAIIBの正統性（レジティマシー）や市場での信認に極めて大きな意味合いがあり、仮に、一度参加表明をした後に抜けるようなことがあっては、広い意味でのアジア地域の安定性に大混乱をもたらすことから、責任をもった慎重な判断が求められる。

　こうした我が国のスタンスについて、一部産業界には、調達面（プロジェクトの受注

[*15] 2015年6月6日、北京で日中財務対話が再開され、日中両国の財務当局幹部が参加し、両国のマクロ経済動向、財政政策及び地域金融協力等について議論した。インフラについては「両大臣は、共通の利益に基づいて、開発金融機関との協働も含め、アジアのインフラ建設を推進」するとされた。

[*16] 2015年5月11日付け読売新聞では、同社の世論調査（5月8～10日実施）で、AIIBに「日本政府が米国と共に参加を見送っていることを『適切だ』と思う人が73%に達し、『そうは思わない』の12%を大きく上回った」と報じられている。また、4月21日のロイター通信企業調査において、日本不参加の場合のデメリットを「あまり感じない」とする企業が51%、「全く感じない」とする企業が33%と報じられている。

面）で不安を覚えるという向きも見られた。しかし、AIIBの調達基準は非加盟国にも開放された国際競争入札となる方向で議論されている模様であるし、国際機関がファイナンスする途上国インフラ・プロジェクトへの入札は人件費等の関係から受入国の地場企業が受注する傾向にあり、現実的には先進国は殆ど取ることができていない。例えば、ADBの場合、本邦企業の受注率は0.5％にすぎず、先進国で最高のイタリアでも2.7％に留まる。

では、こうした実情があるにもかかわらず、先進各国がMDBsに出資・支援する理由とは何であろうか。それは恐らく、世界経済の安定・繁栄、貧困削減等の地球規模課題解決といった、どの国でも裨益する「国際公共財への投資」の必要性と併せて、途上国に強い影響力があり、専門能力に秀でた世銀やADB等の組織に、市場経済の基本条件であるマクロ経済の安定、諸規制の合理化、及び基盤インフラの整備を効率的に実現させ、以って、自国企業による新たな市場への商業的展開を促進させるためであろう。この点、本邦企業は、相対的に、案件形成の上流からの関与が苦手であり、リスク・アピタイトに乏しく、また迅速性に難があるといった理由から、後手に回ることが多い。今後は、アベノミクスの下で、これまで以上に、合理的なリスクテイクが期待されるところである。

2．ADBと我が国のイニシアティブ

（1） ADB改革

AIIB構想が打ち出された契機、或いは少なくとも口実とされることのある、IMFの中国出資シェアを6位（4.00％）から3位（6.39％）へと増加させることを内包する2010年IMF改革が、米国議会の未批准のため、未だ発効していないことに加え、「ADBの融資量が不十分」、「案件承認に要する時間が長い」、といった批判の声が途上国にあることが指摘される。しかし、実際には、ADBはこうした途上国のニーズに応えるため、以下のような対応策について数年前から議論を行っており、日本はADBの改革を強く支持してきた。

① **勘定統合による融資量の5割拡大**

ADBは、低所得国向けに設置した特別基金であるアジア開発基金（ADF）と中所得国向けの通常資本財源（OCR）を統合する。これによりADBの年間融資量は新規の増資に頼ることなく、最大5割拡大（年間約130億ドル（2014年）→最大200億ドル程度）する見込みである（2017年1月から実施予定）。なお、本件は2013年11月からADBで議論が開始され、2015年4月に総務会で承認された。

② **承認手続きの6か月短縮**

ADB現地事務所への権限委譲や調達手続の迅速化などにより、案件承認に要する時間

を従来の21ヵ月間（2012年実績）から15ヵ月間（2016年の目標）へと半年間短縮することを目指している。但し、手続きに時間がかかる理由の一つは、環境アセスメント等、環境や人権に配慮すると共に、腐敗を防止するためのコンプライアンスが充実していることも一因であり、こういった高いスタンダードを維持しつつ、可能な限り、手続きの合理化に努めることが求められる。なお、本件は2013年7月からADBで議論が開始され、2014年12月の理事会で枠組みが承認された。

（2）「質の高いインフラ投資」の推進に向けた総合的パートナーシップ

　安倍総理は、去る5月21日に東京で開催された「第21回国際交流会議　アジアの未来」フォーラムにおいて、「質の高いインフラパートナーシップ　～アジアの未来への投資～」という総合構想を発表された。麻生財務大臣が5月4日のADB総会において示した骨子を具体化したこの構想は、アジアの膨大なインフラ需要に応えるべく、上述した諸改革を通じて機能を強化したADB等と我が国が連携して、今後5年間で総額約1,100億ドル、13兆円規模の「質の高いインフラ投資」を行うものである。以下では、本稿の締めくくりとして、本パートナーシップについて紹介しておきたい。

　なお、メディアなどでは、本件の打ち出しのタイミング等から、「日本としてのAIIBへの対抗策」と見なす向きも多い。しかし、本稿で述べてきたとおり、我が国は、円借款等を通じたインフラ支援を過去数十年にわたり実施してきたほか、近年では、「経協インフラ戦略会議」等において、日本企業によるインフラシステムの海外展開や、経済協力の戦略的かつ効率的な実施を図るための議論を精力的に続けてきた。また、国際社会では、昨年来、G20やAPEC等の国際会議における主要議題としてインフラ投資が取り上げられ、国連の持続可能な開発目標においても質の高いインフラの必要性が掲げられている。そのような中で、安倍総理から「質の高いインフラ投資」につきその重要性を発信してきたほか、ADBや世銀が、PPPインフラ投資促進に向けた新たな枠組みを立ち上げるといった動きがAIIB創設と併せて見られた。

　こうした経緯・背景に鑑みれば、本パートナーシップが、「AIIBへの対抗目的」といった単純な話ではなく、日本の長年にわたる経験や議論、そして国際社会におけるインフラ投資をめぐる様々な議論や動きを踏まえて作成・公表したものであることは、おのずと明らかであろう。

①「質の高いインフラ」

　我が国が、本パートナーシップを通じて推進していく「質の高いインフラ投資」とは、一見、値段が高く見えるものの、使いやすく、長持ちし、そして、環境に優しく災害の備えにもなるため、長期的に見れば安上がり、といえる社会資本を指す。こうした投資は、

アジアの国々をつなぎ、現地の人々の雇用を生み出し、スキルを高め、暮らしを改善することにも貢献する。そして、本稿で詳述したとおり、我が国は、アジア諸国が、それぞれの開発計画に基づき「質の高いインフラ投資」に取り組む上での長年のパートナーとしての実績を積み上げてきた。

アジア地域には確かに膨大なインフラ需要がある。しかし、アジアの国々に持続的な発展と、アジアの人々に幸福と利益をもたらすためには、インフラの質をしっかり確保することが欠かせない。これが、「質の高いインフラパートナーシップ」を貫く基本哲学である。

「質の高いインフラ投資」の具体例
1．インド　デリーメトロ
 ・1日当たり約250万人もの市民が利用し、快適で便利な移動手段を提供
 ・首都圏の渋滞や大気汚染の緩和
 ・工事現場における「安全第一」の心構えや、「納期」の重要性も浸透
 ・地下鉄のブレーキに採用されている日本の高い技術が、使用電力やCO2削減にも貢献
2．モンゴル　ウランバートル市高架橋（通称　太陽橋）
 ・市内を東西に走る鉄道をまたぎ、市内南（新興住宅地）と北（オフィス街）の間の円滑な交通を確保
 ・高架橋に日本の高い技術による大規模地震の際の落橋防止等を採用
 ・モンゴルのエンジニアや学生に対して、セミナー、現場見学会等を通じて、日本の施工技術を紹介し、技術を移転
3．ベトナム　ニャッタン橋（通称　日越友好橋）
 ・軟弱な地盤の上に建てられているが、日本が得意とする工法の採用により、高い強靱性を実現
 ・橋の建設の過程で、ベトナムの技術者の意欲に日本の熟練工が応え、技術の移転が実現
 ・当時ベトナム初であったその工法は、現在では、同国の橋梁設計の基準として採用され、国全体の安全性向上に貢献

---

②　民間資金動員を通じた「質と量」双方の追求

しかし、安倍総理がスピーチで触れたとおり、「質の高いものを求めると、値段が高く、リターンまで時間がかかる」のも確かである。そして、旺盛なインフラ需要を抱えるアジアが、21世紀の世界経済をけん引する成長センターとなるには「量より質」という発想ではなく、「質も量も」追求する「野心的なチャレンジ」が必要となる。「質と量」双方の追求は、公的資金だけでは無論限界があるが、公的資金に加えて、民間資金がアジアのインフラ投資に流れ込む仕組みをつくりあげることで、可能性は大きく拡大する。「質の高い

インフラパートナーシップ」では、これを実現するために、以下の4本柱からなる施策を、ADB等と協働して統合的に展開していくことで、民間の資金とノウハウも動員しつつ、量的にも十分な「質の高いインフラ投資」をアジア地域で実施していく。

③ 「質の高いインフラパートナーシップ」を支える4本柱

第一の柱は、「日本の経済協力ツールを総動員した支援量の拡大・迅速化」である。具体的には、円借款と技術協力・無償資金協力の有機的な連携や、海外投融資の強化により、アジアのインフラ分野向け支援を承諾額ベースで約25％増加させる。また、5ページで紹介したPPP促進に受けた3つの新設円借款（EBF、VGF、PPP-standby）の活用を通じ、民間資金のインフラ・プロジェクトへの動員を促進する他、5ページで言及した円借款の更なる迅速化に向けた取組みを継続していく。

第二の柱は、日本とADBのコラボレーションの深化である。ADBの融資能力1.5倍増やプロジェクト準備期間の6ヶ月間の短縮といった改革を日本が支持してきたことは既に触れたが、これに加えて、総理は、中尾ADB総裁が本年の年次総会の折に言及した「将来の増資検討」を歓迎するメッセージを発信した。また、これまでADBとJICAとの協働は、円借款を通じた途上国政府への貸付プロジェクトに限られてきたところ、今後は、海外投融資とADBの民間投資部門が連携して、共にPPPインフラ投資を実施する仕組みの創設を検討していくこととしている。

第三の柱は、JBICの機能強化等によるリスク・マネーの供給倍増である。具体的には、日本企業の技術・ノウハウ等の活用が見込まれる海外インフラ・プロジェクトのうち、需要や事業環境の変化について確たる見通しが困難である等の理由から、リスクが高いと見なされる案件についても、JBICが、これまで以上に積極的に投融資を実施するよう、その機能・体制を強化していく。併せて、昨年秋に立ち上がった㈱海外交通・都市開発事業支援機構等を活用し、日本企業のインフラシステムの海外展開支援の更なる強化を図っていく。そして、第四の柱が「質の高いインフラ投資」の国際的スタンダードとしての定着である。我が国が「質の高いインフラ投資」を促進するための様々なファイナンシング・メカニズムを用意しても、肝心の途上国に「質の高いインフラ」を求める具体的ニーズがなければ、本パートナーシップは「絵に描いた餅」に過ぎない。この点に対処すべく、第四の柱では、日本の支援による「質の高いインフラ投資」のグッド・プラクティス集の作成や世界中の国々と共有、途上国の政府高官等への日本の優れた技術を視察する機会の提供、世銀、ADB等の国際機関や多くのパートナー諸国と協働した「質の高いインフラ投資」に関するセミナー開催、と言った具体的施策が盛り込まれている。

なお、総理が「質の高いインフラパートナーシップ」を表明した直後に開催された「APEC貿易大臣会合」においては、宮沢経済産業大臣が、本パートナーシップの紹介と

併せて、インフラ開発投資に関する制度を「インフラの質」等の観点から、ピア・レビューし、能力構築支援に取り組む考えを表明。参加国から、日本の質の高いインフラの取組みをはじめとする日本の各提案について高い評価が表明されたところである。また、5月23日に2年半ぶりに開催された日韓財務対話においては「日本が発展して『質の高いインフラパートナーシップ』等を通じて、アジアの膨大なインフラ投資需要に対応することの重要性に合意」した。

3．終わりに

冒頭述べたように、インフラ投資の重要性に関する認識は、少なくとも国際社会においては、一貫した流れがあったわけではない。しかし、かつての環境・社会セクターブームのように、今や、グローバルにインフラ・ブームが起こっているかのようだ。これは何故だろう。

第一の理由としては、南アジア・アフリカの途上国を中心とする人口増大[17]、都市化の進展[18]、及び所得の増加等を背景に、経済成長や社会の安定に果たすインフラのクリティカルな役割が再認識された[19]ことが挙げられよう。民間資本主導の時代にあって、一定の基礎インフラの構築を通じた投資環境整備が図られなければ、持続的な経済成長の実現は覚束ない。また、IT革命により普遍的な情報へのアクセスを手にした増大する都市部の中間層を中心に、Quality of Lifeの向上を求める声が大きくなった結果、基礎インフラの整備が、しばしば選挙公約における主要イシューともなった。こうした中、インフラ整備の経済的・社会的採算性が、一定のスレショルドを超えた[20]ことが、昨今のインフラ・ブームの一因かもしれない。

第二に、資源獲得・輸送路確保の観点等から、国をまたぐ広域インフラの戦略的価値が

---

[17] アフリカの人口は2010年の約10億人から2050年には20億人へと倍増し、世界人口に占める比率も9％（2010年）から21.8％（2050年）へと上昇することが見込まれる（出典：UN. World Population Prospects, The 2008 Revision）。

[18] 世界における人口50万人以上の都市は962都市（2010年）から1418都市（2025年）に増加する見込み（出典：U.N "World Urbanization Prospects: The 2011 Revision"）であり、世界の都市居住人口のうち、途上国の占める割合は38％（2010年）から45％（2025年）に上昇する見込み（出展：第9回経協インフラ戦略会議資料（2014年3月6日）。

[19] 例えば、Bill Emmott "Rivals"（Harcourt Books 2008）p158では、運輸インフラの伸長が、時間と燃料費といった輸送コストを節減したり、大容量の輸送車両を活用したり、新動脈沿いのあらゆる経済活動を刺激するといったメリットを指摘している。

高まったことが挙げられよう。太平洋戦争の契機の一つも石油等の戦略物資確保であったし、現在の中国の軍事・経済両面のイニシアティヴもその側面が強いといわれる。また、本年のASEAN経済共同体発足に向け、総人口約6億人、名目GDP1.8兆ドルを擁するASEAN各国の連結性を向上させようというモメンタムは今後さらに高まっていくだろう。第三に、金融界においてインフラ・ファイナンスが一層、ビジネス機会として注目されている点も見逃せない。世界にはROEの高いプロジェクトが少なくなく、インドといった高成長地域[21]、アフリカ等の人口著増が見込まれる地域、とりわけ資源国での開発等への関心が高い。各国で市場経済化が進展し、財政規律の確保が浸透するなかで、PPPインフラ市場が拡大し、高度なプロジェクト・ファイナンスの組成を通じた魅力的なフィーが確保し易くなっていることも要因かもしれない。第四に、気候変動への適応（Adaptation）や緩和（Mitigation）の観点からの、インフラ整備の重要性への認識の高まりが挙げられるだろう。防災・減災に資する護岸整備、耐震度の高い橋梁構築、及び地盤沈下防止に資する浄水施設の整備等は、多くの途上国にとって優先度の高い課題となっている。また、温室効果ガス排出削減の観点からの高効率火力発電所や再生エネルギー、及び公共交通への投資の重要性への認識も国際社会において高まっている。

　このように考えると、インフラ投資自体の重要性に対する認識のグローバルな高まりは、一過性のブームというよりも、途上国が、今後、Sustainable（持続的）、Inclusive（包摂的）、そしてResilient（耐久力のある）な質の高い成長を確保するとともに、あらゆる意味での環境問題が噴出する中、有限の地球[22]の限界も考えざるを得ないグローバル社会が、地球規模課題を解決していくうえで核となるテーマとして、今後も位置付けられていくのではないだろうか。一方、国内に目を向ければ、昨今、日本のインフラ業界の少なからずは3.11後の復興需要等から内向きになっており、建設労働者不足ともいわれている。また、今後、膨大な国内老朽化施設をどうするかという大問題も控えている。しかし、日本の人口が今後数千万人減少していくことが確定していることを考えると、海外で戦えない業者の淘汰は避けられないかもしれない。こうした内外の状況下、過去数十年に亘り、インフラ整備を、自らの国作り、そして対外経済協力の中心的テーマの一つとして位置付け、実績を積み上げてきた我が国が、その競走優位を維持し、高めていくためには如何な

---

[20] Jeffrey Sachs "The End of Poverty"（The Penguin Press　2005）P71：大人口や高人口密度の方が巨額の初期費用のかかるインフラ・ネットワークをファイナンスしやすいことを示唆。
[21] IMF "World economic Outlook 2015.4" では、インドの2015、2016年の実質GDP成長率をそれぞれ7.5％、7.5％としており、中国の6.8％、6.3％を上回っている。
[22] 拙稿「超有識者場外ヒアリングシリーズ　京都大学総長　松本紘先生」（ファイナンス2012.10）参照。なお、松本先生は現在、理化学研究所理事長。

る課題と向き合う必要があるだろうか。これへの私見を5点示唆し、本稿の締めくくりとしたい。

　第一が、日本が持つ技術的な優位性の更なる向上である。例えば、一見、土木のローテク中心で先進国が受注する余地が少ないかに見えるインフラ事業も、新幹線やリニアで見られるように、上物は最先端技術の塊であり、付加価値が高い。科学技術のエッジ[23]を維持し、高速性、安全性、耐久性、そして建設も運営も適時性といった日本の強みを磨いていけば、厳しい国際競争のもとでも、相手国の経済成長と民生向上に貢献しつつ、本邦企業も裨益できる。この際、重要なのは、何が我が国の強みかをしっかり認識し、優先順位をつけ、とるべきところを確実にとれるよう鍛錬を続ける一方、捨てるべきところは捨てる、との認識を関係者が共有することであろう。

　第二は、個別の機器、機材、そしてサービスを束ね、インフラの建設から運営、維持・補修までのサービスを一気通貫で提供できる「システム・インテグレーター」の育成である。上述したとおり、我が国は、鉄道分野においては、車両や信号システム、運行制御システム等、水道分野においては、水道管やその埋設技術、及び浄水フィルターの品質等、個別の設備・工法・サービスにおいて高い比較優位を有する。しかし、今後、日本が増大する途上国のインフラ市場[24]で主導的な役割を果たしていくには、個別設備・工法・サービスの質だけでなく、料金設定、住民・乗客対応、そして運営・維持管理といった点についても、国内で培ったノウハウを、現場のコンテキストに併せて提供していくことができる総合力を持った「システム・インテグレーター」の存在が不可欠であろう。この点、日本国内でそうした役割を果たしている鉄道各社や地方自治体等が、メーカーや商社とパートナーシップを組みながら、海外展開を果たしていくことが重要と考える。

　第三に、インフラ・ネットワークの技術標準を抑えることの重要性を指摘したい。前ページで指摘したとおり、国を超えた連結性の構築が経済効率の向上だけでなく、資源確保や国家の安全保障の観点からも重要性を帯びる中、技術標準の確保は、運営・改修費用の経済的便益を超えた戦略的意義[25]が大きい。特に、交通ネットワークは、その言葉自体

---

[23] 菅建彦『英雄時代の鉄道技師たち』（山海堂1987）は、黎明期の英国鉄道技術の発展を網羅的かつビビッドに描いており、特に土木技術史において必読であるが、その後、英国が技術教育の立ち遅れと企業家精神の後退等により仏、独、そして米に抜かれていくことで締めくくっている。また、スティーヴンソン父子やブルネル父子が作ったトンネルや橋の殆どが現在も健在で使われている。我々が標榜する「質」のインフラに含意を与えているし、また、技術競争力の維持の困難さも物語っている。なお、科学技術戦略については、拙著『強い文教、強い科学技術に向けて―客観的視座からの土俵設定―』（学校経理研究会　2012）参照。

[24] 世界の上下水道分野の市場規模は約33兆円（2007年）から約74兆円（2025年）へと2倍以上への増加が見込まれている（出典：第9回経協インフラ戦略会議（2014.5）席上配付資料）。

が示すとおり、軌道や制御システム等の採用技術が統一されていき、経済圏形成の基盤となる可能性があることから、我が国の経済協力戦略に欠かせない視点であろう。

第四のポイントが、案件発掘・形成、さらには個別セクターの政策立案やマスター・プラン作成の段階といった、いわゆる「川上」からの関与である[*26]。日本企業が創意工夫により如何にエッジを高めても、質の高い機材やサービスが入札におけるスペックとして盛り込まれていなければ、価格競争の消耗戦のなかで、日本の技術やサービスは日の目を見ない、という結果となる可能性が高い。また、様々な開発許認可手続きへの対処や、多岐に亘る関連インフラ整備を同時並行的に展開する必要がある都市の面的開発においては、その構想段階からの関与が決定的に重要である。そして、こうした上流段階から関与を成功に導くには、現地政府の関係省庁、自治体及び中央・地方双方の政治リーダー等との人脈を形成した人材が必要であることも、併せて指摘しておきたい。

第五に、インフラ・ファイナンスに伴うリスク・テイクにおける、官民の適切な役割分担の確保である。PPPインフラ事業向けファイナンスには、ライダーシップ・リスクやオフテイカー・リスクといった特有のリスクがあることから、公的部門による保証や収支補填を通じたリスク吸収や、相手国政府に影響力のある公的機関の介在による規制の恣意的適用の回避等が求められている。そのため、政府としても、前述したPPPインフラ投資推進のための円借款新制度の導入や、現在検討を続けているJBICの機能強化、そしてJOIN（海外交通・都市開発事業支援機構）等の官民ファンドの新設を通じて、民間部門の資金がインフラ投資に流れ込みやすい環境の整備[*27]に努めてきた。ただし、その際、過度の官の支援や関与がモラル・ハザードやアドバース・セレクションを齎し、民間企業の競争力を劣化させたり、悪質プロジェクトの採択により相手国経済・財政を混乱させ、我が国との外交関係にも悪影響を与えることになってはならない。また、日本の血税が毀損しないよう政府として適切なリスク管理をすることも欠かせない。この点、例えば、PPPインフラ事業向けファイナンスへの公的関与に関する民間からの要望で最も強いのは、環境変

[*25) 井上勇一『鉄道ゲージが変えた現代史』（中央公論社1990）は、乗換の要否といった経済合理性が軍事的兵站力に直結する中、広軌のシベリア鉄道と日英両国の標準軌の対立が、日英同盟の成立の一因となったという仮説を開陳しており、小生にはその真偽の判断はできないが、興味深い。もっとも、安全保障上も、現代で技術標準を支配する重要性が最も顕著なインフラはいうまでもなくITであり、拙稿「超有識者場外ヒアリングシリーズ　慶應技術大学教授村井純先生」（ファイナンス2015.9）参照。あらゆる部門の生産性向上にITインフラが極めて重要である点につき、Thomas Friedman "The World Is Flat"（Picador,2007）p364。

[*26) 拙稿『超有識者 場外ヒアリングシリーズ42　国際開発ジャーナル社 代表取締役会長 荒木 光弥 先生』（ファイナンス2015.4）参照。

[*27) 拙稿「金融・資本市場活性化について」（ファイナンス2014.1）、「金融・資本市場活性化について（追加提言）」（ファイナンス2014.8）参照。

化に応じて開発計画改善に関与できる経営権を有するエクイティであるが、この点については、事業の成否に関する官民双方のアカウンタビリティーの確保や、単なるリスクバッファーとしての役割を超えた官が提供できる付加価値の明確化が必要であろう。

　「オール・ジャパン」という言葉が飛び交う昨今だが、「連携」と「もたれ合い」とを分かつ壁は、常に低く、また見えづらいものである。限られた政策資源を真に効果的に活用し、日本の納税者と途上国の人々双方に選ばれ続けるインフラ投資を長期的に展開するには、この分野に直接関わる官民の関係者が、一層、ウィン・ウィンに向けた意思疎通を強化しつつ、相互に建設的な緊張関係を保ち続けることが大切であろう。

第2章 海外経済協力の包括的改革について

1．包括的改革の背景

(1) グローバリゼーションが急激に進展する環境下、また、成長戦略により潜在成長率の底上げを図るものの、人口減少・少子高齢化、未曾有の財政赤字等により国内市場の発展に一定の制約要因がある中、世界経済の成長を我が国経済に取り込んでいくことは必須である。

蓋し、途上国支援は、相手国の経済・社会の開発等に寄与し、それ自体、人類共同体の視座から有意義であるのみならず、国益の観点からも、外交的意義に加え、インフラをはじめとする投資環境を整備したり、本邦企業の輸出や投資の機会を創出する営みは、日本の経済発展にとって重要である。このことは、諸外国においても、財政難の中、経済協力に対する国民の理解を得るためにも必要となってきている。

政府においても、成長戦略の一環として、経協インフラ戦略会議[*1]を司令塔として、我が国のODA、OOFを含む海外経済協力に関する重要事項を審議し、戦略的・効率的な実施を展開しており、我々の作業もこれへの貢献と位置付けられる。また、成長戦略の金融関係を構成する先般の金融・資本市場活性化有識者会合の提言[*2]においても、アジアの潜在力の発揮、地域全体としての市場機能の向上、我が国との一体的成長の重要性が謳われ、海外経済協力に係る施策が多々、掲げられている。

[*1) 我が国企業によるインフラ・システムの海外展開や、エネルギー・鉱物資源の海外権益確保を支援するとともに、我が国の海外経済協力（経協）に関する重要事項を議論し、戦略的かつ効率的な実施を図ることを目的として、内閣官房に設置。構成員は、内閣官房長官（議長）の他、副総理兼財務大臣、総務大臣、外務大臣、経済産業大臣、国土交通大臣、経済再生担当大臣兼内閣府特命担当大臣（経済財政政策）。
[*2) 拙稿「金融・資本市場活性化について」（ファイナンス平成26年1月号）参照。なお、本提言について、以下では「金融有識者会合提言」とする。

（2）また、事業組成のあり方が進化しており、世界中でPPP、PFIが多用される等民間活力を活用する傾向が強く、金融ストラクチャーも複雑化しており、これへの対応も必要である。世界の資金移動も民間主体となっており、現在の日本から途上国への資金の流れを見ると、公的資金のシェアは28％に過ぎず、72％を占める民間資金が主流[3]となっている。世界全体から途上国に流れる公的資金をみても総額の10％程度[4]に過ぎない。従って、民間資金を積極的に動員することが必要であり、その呼び水となる手段として、ODA等の公的資金を活用していくべきである。その際、ますます高度化するプロジェクトファイナンスに対応できるよう、公的資金のインストルメントも進化させていかなくてはならない。併せて、途上国の制度の不備等により、PPPがうまくいってないケースも多く、人的貢献を通じた制度整備支援や案件形成支援によって、PPPのベストプラクティスを積み上げていくことが重要である。

（3）更に、冷戦終結、中進国の台頭やテロ組織の跋扈等により、世界秩序は不安定となり、緊張が高まっているところもあり、安全保障の観点から地政学的に経済協力を駆使する外交的な必要性も増大している。日ASEAN特別首脳会議や、TICAD、総理外遊等の好機を活かし、効果的に経済協力を展開し、国際社会に貢献しつつ、我が国の外交プレゼンスを向上させ、日本にとって好ましい世界秩序の構築に資すべきである。地球環境といった南北で利害が対立する分野を推進するレバレッジとして機能することも望ましい。

（4）その際、我が国は古今東西未曾有の財政赤字を抱え、血税の投入にはおのずと限界があり、最も効果的、効率的に限られた政府資源を活用しなければならないことはいうまでもない。途上国も政府債務管理に極めて敏感となってきており、こうした観点からも、民間資金の一層の活用が必要であり、そのための環境醸成や、その呼び水となるような効果的な公的資金の活用が必要となっている。

（5）上記のような視座にたち、この数カ月、様々な改革を講じてきたが、その主なものを下記の通り、整理する。改革を宣言したもの、新制度ができたばかりのもの、既に執行

---

[3]「2012年における日本の開発途上国に対する資金の流れ」（財務省）によれば、総計1,098億ドルのうち、ODAは187億ドル、OOFは122億ドルであり、公的資金は併せて309億ドルの28％にすぎず、残りの789億ドルは民間資金（784億ドル）、非営利団体による贈与（5億ドル）等。民間資金の内訳は、直接投資が323億ドル、輸出信用（1年超）が150億ドル、その他二国間証券投資等が308億ドル等。

[4] World Development Finance 2012（世界銀行）にもとづき、2010年時点における世界全体の途上国への公的資金および民間資金の流入量（純計）を試算。

が積み上げられているもの等、様々であるが、今後も、引き続き、着実な実行、成果の発揮に加え、絶えざるイノベーションに努めてまいりたい。

2．JICA 円借款の改革

(1) インフラ整備事業に対する途上国の出資を補う円借款の活用（EBF[*5]）の新設

① 背　景
本邦企業が途上国との合弁で特別目的会社（SPC）を立ち上げて事業を行う場合に、SPC に対する途上国側の資金手当て（出資）を支援することにより、本邦企業のスムーズな事業展開を支援することが必要。

② 新制度概要
1）途上国政府・国営企業等が出資をする電力・水・交通等のインフラ整備事業等に対して、当該出資金のバックファイナンスとして円借款を供与。
2）途上国のインフラ整備と日本企業のインフラ事業投資活動の双方を支援。
3）調達する財・サービスを限定するものではなく、アンタイド。

③ 留意点
1）途上国政府による当該プロジェクトに対する管理責任の確保が必要。
2）途上国のカントリーリスクの問題等で、一般の金融機関の貸付等によるバックファイナンスが成立しない案件を対象。

④ 現　状
1）具体的な案件の形成に向けて、日本企業向け説明会、途上国政府に対する説明等を実施。
2）PPPF/S の調査結果や本邦企業からのヒアリングを踏まえ、案件をスクリーニング中。
3）今年度中を目途に、案件の絞り込みを実施。

[*5] Equity Back Finance の略称。

（2）事業運営権獲得を視野に入れた、有償資金協力を含めた　　パッケージ（VGF[*6]）の導入

① 背　景
日本企業の出資するインフラ事業に対して、当該事業運営の支援を行うことにより、事業運営権の獲得が期待できる案件が存在。

② 新制度概要
1）途上国政府の実施する電力・水・交通等のインフラ事業で、原則として本邦企業が出資するものについて、商業資金ではファイナンスが困難な場合に、途上国政府が主に事業期間を通じたキャッシュフロー平準化のために助成を行う場合に、円借款を供与。
2）調達する財・サービスを限定するものではなく、アンタイド。
（事業のイメージ例）
  ⅰ）対象インフラ事業については、運営開始初期は事業収入が低く十分でないものの、一定期間後に収益が増加し十分な黒字が見込まれるものを想定。
  ⅱ）初期の運営資金ギャップを円借款を原資として一時的に補填し、一定期間後に収益が発生した後に事業会社が補填分を返済。

③ 留意点
1）途上国政府による当該プロジェクトに対する管理責任の確保が必要。
（プロジェクトの収益性が一定期間経過後も十分に確保されないリスクや、為替変動リスクに対する認識、対処等）
2）途上国のカントリーリスクの問題等で、一般の金融機関の貸付等によるバックファイナンスが成立しない案件を対象。

④ 現　状
1）具体的な案件の形成に向けて、日本企業向け説明会、途上国政府に対する説明等を実施。
2）PPPF/Sの調査結果や本邦企業からのヒアリングを踏まえ、案件をスクリーニング中。
3）今年度中を目途に、案件の絞り込みを実施。

[*6]　Viability Gap Fundingの略称。

（3）後発開発途上国（LDC[*7]）向け円借款に関する制度運用面の改善
① 背　景
現在、円借款でタイド援助（STEP）が可能な対象国は、貧困国、低所得国、中所得国であり、LDCは対象外。他方で、アジアのLDC諸国の円借款事業では、新興国を始めとする他国企業との受注競争が激化している。

② 新運用概要
こうした背景から、当該円借款事業においても、本邦企業が主要な役割を担えるよう、LDC向け円借款に関する制度運用面の改善を図ったところ。

具体的には、供与条件は、現行の供与条件を基本としつつ、本邦企業から借入国企業への技術移転が図られるよう、原則として本邦企業と借入国企業のJVによる案件の受注を目指すもの。

（4）国際機関増資への対応における活用
① 背　景
我が国の財政事情は世界最悪水準の厳しい状況にあり、予算措置には自ずと限界。他方、国際社会に対しては、我が国が途上国支援に最大限の努力を行っている姿勢を示す必要が存在。SDR建て等、外貨建てでコミットがカウントされる国際機関の場合、円安局面では、円建てで同額でも国際的評価はその分、減少してしまうため、猶更、悩ましい状況。特に、国際的な援助コミュニティーの中核をなす国際開発協会（IDA[*8]）の第17次増資において、これらを両立させる工夫が求められた。

② IDA17次増資における円借款の活用
1）主要国が厳しい財政状況に直面する中、IDAの利用可能資金を確保すべく、日本の主導により、これまでのグラント貢献に加え、新たにローン方式の導入に成功[*9]。これを受けて、我が国としても、出資（グラント拠出額）とローン拠出（円借款）を

[*7] Least Developed Countryの略称。国連開発計画委員会（CDP）が認定した基準に基づき、国連経済社会理事会の審議を経て、国連総会の決議により認定された特に開発の遅れた国々。当該国の同意を前提に、以下3つの基準を満たした国を認定。① 一人あたりGNI（2008－2010年平均）：992米ドル以下、② HAI（Human Assets Index）：人的資源開発の程度を表すためにCDPが設定した指標で、栄養不足人口の割合、5歳以下乳幼児死亡率、中等教育就学率、成人識字率を指標化したもの、③ EVI（Economic Vulnerability Index）：外的ショックからの経済的脆弱性を表すためにCDPが設定した指標。現在、49カ国（うち、アフリカ34、アジア9、大洋州5、中南米1）。

[*8] International Development Associationの略称。世界銀行グループに属し、所得水準の特に低い開発途上国に対し、超長期・低利の融資や贈与等を行う機関。その原資を3年毎の増資により補充しており、今回の第17次増資は2014年7月から2017年6月が対象。

組み合わせることで、財政負担を抑制しながら日本の貢献シェアを維持しつつ、加えて、IDAの業務量拡大に貢献。
2）具体的には、
- 出資については円建で前回比▲10％減（SDR建で▲18.6％）の2,582億円（17.5億SDR）に厳しく抑制し、義務的負担額と合計して、3,120億円（21.1億SDR）を拠出。
- 他方、新たに導入するローン（円借款）による1,904億円[*10]（12.9億SDR）の拠出を初めて実施。
- この結果、出資を抑制しつつ、出資とローンを組み合わせた日本の貢献シェアを維持し、また、資金量ベースではSDRベースで前回比1.4倍を達成[*11]。

（5）重点分野の見直し（日本の強みを生かせる分野）と金利の引下げ等
① 背景
これまでの円借款金利体系[*12]は、単独適用された実績のない分野等が残る一方で、日本の強みを生かせる分野が優遇されていないといった問題が存在し、今後、政策的に重要と考えられる分野を再考し、整理、統廃合することが必要。

② 新制度概要
1）重点分野について「環境」「人材育成」に「防災[*13]」「保健・医療[*14]」を追加。
2）金利を大幅引下げ（旧：0.55％～1.20％⇒新：0.01％～0.60％）。

---

*9）国際機関の活用法については、拙書『世界銀行超活用法序説』（2012）を参照されたい。なお、出資への円借款の活用はこれが初めてであるが、従来より、世銀等融資と円借款の協調融資は多々、実施してきたことに加え、国際機関貸付原資に円借款を供給した例としてはアフリカ開発銀行と共同するEPSA for Africa（Enhanced Private Sector Assistance for Africa：アフリカの民間セクター開発のための共同イニシアティヴ）が存在。これは、民間セクターに対する円滑な資金供給やインフラ整備等のために、5年間で計10億ドルの円借款の供与（ローン部分）と、アフリカ開発銀行内に設置した信託基金を通じた技術協力（グラント部分）で構成。前者は、ソブリン向けの協調融資と、ノンソブリン事業を対象としたアフリカ開発銀行の民間セクター・ウインドウ向け融資からなる。この10億ドルの円借款供与を2012年3月末までに達成後、2012年5月のG8サミットに際し、新たに5年間で10億ドルの円借款を表明。更に本年1月の安倍総理訪アフリカの機会に、このコミットを20億ドルへ倍増することを表明。

*10）ディスバースは3年間均等割り（2014年：635億円、15年：635億円、16年：634億円）を予定。

*11）この日本の貢献もあり、IDA第17次増資は過去最大の520億ドルの増資に到達。

*12）改革前の優遇金利には、①地球環境・公害対策、②人材育成支援、③中小企業、及び④平和の構築支援の4分野が適用されてきた優先条件と、気候変動の緩和策支援として立ち上げた⑤気候変動対策金利が存在。

*13）自然災害に多く見舞われてきた我が国には、経験により知見や技術が蓄積。我が国は国際社会に対して防災の主流化を主張しており、ポストMDGsの議論においても、防災の重要性を強調。また、本邦企業は、例えば、河川洪水予測システム、治水施設、防災情報システム（地球環境衛生を含む）等の優れた技術を有しており、本邦企業の製品の海外展開という観点も重要。

③ 具体的な案件例
1）保健・医療分野
○ラオス「第9次貧困削減支援オペレーション（プログラムローン）」（5億円、0.70%⇒0.01%、E/N締結済、L/A調印済）―ラオスにおける保健分野の改善に向けた取組みを支援。

2）環境分野
○モンゴル「ウランバートル第四火力発電所効率化計画」（42億円、0.65%⇒0.30%、E/N締結済、L/A調印済）―老朽化が進むモンゴル最大の発電所（約30年経過）の設備の更新。
○ウズベキスタン「ナボイ火力発電所近代化計画」（349億円、0.65%⇒0.30%、E/N締結済、L/A調印済）
―老朽化したナボイ火力発電所に高効率のコンバインドサイクル・ガスタービンを導入
○インド「ウッタラカンド州森林資源管理計画」（約114億円、E/N締結済）
―森林資源管理等を実施し、洪水で甚大な被害を受けたウッタラカンド州の復興を支援。

3）防災分野
○インドネシア、フィリピン、チュニジアで案件形成中。

(6) 中進国[*15]、中進国を超える所得水準の開発途上国[*16]支援の一層の強化
① 背 景
中進国等への支援であっても、我が国の知見や技術を最大限活用できる分野で、日本として戦略的意義が認められる場合が存在。

② 新制度の概要
1）中進国における円借款の適用分野を拡大[*17]（「広域インフラ[*18]」、「農業」を追加）

[*14] 我が国は健康長寿社会の実現に総力をあげているところ、開発途上国においても、保健医療サービスを必要な時にリーズナブルなコストで受けられ、良好な医療にアクセスできることは重要な開発課題の一つ。先般の保健政策閣僚級東京会合においても、ユニバーサル・ヘルス・カバレッジ（UHC）が、人々の健康と福祉を改善し、公平で持続可能な経済成長の基盤を形成する、と結論付けられている（拙稿「保健政策閣僚級東京会合について」（ファイナンス平成26年1月号）参照）。また、日本式医療のインフラシステム輸出という観点から、持続可能な予防医療のシステムを構築し、医療機器とサービスが一体となった海外展開を推進することが必要。
[*15] 一人当たりGNIがUS$4,036以上7,035以下の23カ国。
[*16] 卒業移行国（世界銀行による支援を卒業する（通常5年程度）までの国）であり、一人当たりGNIがUS$7,036以上12,475以下の23カ国。

するとともに、日本として戦略的意義が認められる場合は卒業移行国への円借款供与を積極的に検討する方針を明確化。
２）開発事業の実施や経済安定に関する計画の達成に必要な条件であること、一般の金融機関による貸付け等が困難な案件であることに特に留意。

③　具体的な案件例
１）中進国
○チュニジア「地方都市水環境改善計画」（109億円、E/N締結済、L/A調印済）
―地方都市において下水システムを改善することにより、各都市における下水処理能力の強化を図る。
○ヨルダン「開発政策借款」（プレッジ済）
―シリア難民の流入により財政が圧迫されているヨルダンに対して、一般財政支援を行うとともに、財政余力の増加・財政リスクの軽減、中小企業の資金調達改善等という政策課題へのヨルダン政府の取組みを支援する。
２）中進国を超える所得水準の途上国（卒業移行国）
○パナマ、トルコで案件形成中。

（７）本邦技術活用条件（STEP[19]）の適用分野拡大と金利引下げ等
①　背　景
本邦企業のグローバル化した活動実態や我が国の優れた分野・技術等の拡大を受け、本邦企業及び開発途上国の双方にとってより魅力的な制度にするニーズが存在[20]。

---

*17) 以前は、環境、人材育成、格差是正、防災・災害が対象。但し、アフリカ向けは、広域インフラ、農業・農村開発も対象であった。
*18) 広域インフラは、これまで、アフリカ中進国だけが対象であったが、全中進国が対象になることにより、ASEANコネクティビティの文脈で、例えば中進国のタイを含む対周辺国連結性向上に資する道路網整備や鉄道関係等の案件形成も可能となり、外交上も日本企業裨益の観点からも重要。
*19) Special Terms for Economic Partnershipの略称。我が国の優れた技術やノウハウを活用し、開発途上国への技術移転を通じて我が国の「顔の見える援助」を促進するためのタイド円借款制度。
*20) STEPは、日本企業の裨益により経済成長に貢献し、ひいては国民のODAに対する理解を促進する機能が存在。日本の技術の貢献を通じて相手国の経済社会を向上させるのでウィン・ウィンのインストルメントと観念できる。他方、重商主義に見えすぎると国際的な反発を買い、かえって我が国のレピュテーションを毀損しかねないし、競争が限定的になる結果、高コストとなれば、相手国にマイナスと受け取られかねない。また、下駄をはかせないと調達に入れないようであれば、モラルハザードで日本企業の実力を低下させてしまう。アンタイドでも落札できるようにならなければならないのに、逆に、タイドでも入札が上手くいかないようであれば問題である。従って、ダイナミックな競争の中での日本企業の裸の国際競争力の強化と併せて活用していかなくてはならない。徒に供与条件を甘くするだけでは、財投機関債等の調達条件を悪化させることにも通じ、JICAの財務基盤を弱め、支援の持続可能性を弱化させるだけでなく、本邦企業の底力を喪失させかねないことに留意が必要である。

② 新制度の概要
1）応札できる主契約者の定義に海外子会社[*21]も含める
2）原産地ルールを見直し、「本邦調達」に先進国の日系製造業者からの調達等を含める[*22]。
3）対象分野に「医療機器」及び「防災機器・防災システム」を追加。
4）金利を引下げ（0.20%⇒0.10%）。

③ 具体的な案件例
○フィリピン「フィリピン沿岸警備隊海上安全対応能力強化計画」（187億円、E/N締結済、L/A調印済）
—フィリピン沿岸警備隊（PCG）に船舶を供与することにより、沿岸海域（領海）での海難救助等の業務を迅速かつ適切に実施する能力の向上に向けた支援を行う。
○イラク「港湾セクター復興計画第2期」（プレッジ済）
—港湾等を整備することにより、港湾機能の回復と効率化を図る。
○カーボヴェルデ「サンティアゴ島上水道システム整備計画」（153億円、E/N締結済、L/A調印済）
—サンティアゴ島において、海水淡水化施設及び送水施設を建設することにより同島内の飲料水供給の安定化及び安全な水へのアクセス改善を図る。
○ベトナム「ノイバイ国際空港第二旅客ターミナルビル建設計画第3期」（261億円、E/N締結済、L/A調印済）
—ハノイのノイバイ国際空港において、国際旅客用の第二旅客ターミナルビルの建設及び付帯施設一式の整備を行うもの。
○モルドバ「医療サービス改善計画」（59億円、E/N締結済、L/A調印済）
—首都キシニョフを中心とする地域拠点病院等に対して、日本の技術を活用した医療機材等を整備し、医療サービス供給の強化・効率化を図る。

（8）災害復旧スタンドバイ借款の創設
① 背　景
我が国は、開発と国際協力において防災を主流化し、強靭な社会を構築する上で国際的

[*21] 本邦企業が作成する有価証券報告書における連結財務諸表の対象となる海外子会社。
[*22] 以前は、本邦企業の日本人が提供する役務の関連費用のみを本邦調達比率に参入可能としていたが、本邦企業または前注21に該当する海外子会社が提供する役務であれば、役務の提供者が日本人以外の場合であっても、我が国の優れた技術やノウハウの活用が担保できると考えられることから、日本人以外が提供する役務の関連費用も本邦調達比率に参入することが適当。

な努力を主導する方針。しかしながら、開発途上国における災害発生後の支援において、我が国は、被災直後には緊急支援（緊急援助隊の派遣及び物資（医薬品、食料等）の提供）を行い、復興段階ではインフラ整備の支援を行っているが、緊急支援と復興を繋ぐ復旧段階での支援が不在。災害復旧には即応的に迅速な支援を行うことが必要。

② **新制度の概要**
1）災害発生に先立って予め、融資支援枠や資金使途等を合意しておき、災害発生時に、借入国からの要請を以って速やかに貸付実行。
2）資金引き出しの前提として、災害リスク管理能力強化の政策マトリックスについて、日本の防災に関する知見や人材の活用を通じた技術協力を通じて、作成・合意。
3）金利0.01%を適用。

③ **具体的な案件例**
○フィリピン「災害復旧スタンド・バイ借款」（500億円、E/N締結済[23]）
―災害発生に先立ち、融資支援枠や資金使途等を合意し、災害発生時に、借入国からの要請を以って速やかに融資を実行するもの。
○エルサルバドル（プレッジ済）
―ハリケーン等災害リスクの高いエルサルバドルに災害発生時の復旧資金を迅速に供与すると共に、災害リスク管理能力の向上を図る。エルサルバドルの通貨は米ドルであるため、米ドルを円借款の返済原資とすることで合意。

（9）ノンプロジェクト型借款の一層の活用
① **背　景**
ノンプロジェクト型借款は、供与対象国の政策立案に貢献することを通じ、日本企業の投資環境整備・改善にも資するものであり、日本企業への裨益の確保、日本の知見を開発途上国の開発成果に結びつけることによる日本のプレゼンス・発信力の確保を図るべく、一層、戦略的に活用することが必要。

② **新制度の概要**
1）ノンプロジェクト型借款の活用を積極的に図る。
2）JICAにおいて、政策対話をリードできる専門人材の育成やモニタリング能力の強化（政策マトリクスへのインプットを含む）等の体制強化。

---

[23] 2013年7月に既に100億円のスタンドバイをプレッジしていたところ、11月初旬に台風ヨランダが発生し、フィリピン政府から500億円への増額要請を受け、迅速に対応し、最速の12月13日に交換公文の締結に至ったもの。

3）技術協力等との連携を重視。
4）日本からの技術協力等の実績や計画があり、供与対象国の政策立案プロセスや政策内容を十分に把握していることが前提。
5）必要に応じて国際機関や他のドナー国と協調しつつ、供与対象国と深度ある政策マトリクスを策定し、その遂行状況を確実にモニターできることが前提。

③ 具体的な案件例

○インド「タミル・ナド州投資促進プログラム」（130億円、E/N締結済、L/A調印済）
―インド南部タミル・ナド州政府による、投資を促進する政策・制度の改善を促進する。

○ヨルダン「開発政策借款」（プレッジ済）再掲
―シリア難民の流入により財政が圧迫されているヨルダンに対して、一般財政支援を行うとともに、財政余力の増加・財政リスクの軽減、中小企業の資金調達改善等という政策課題へのヨルダン政府の取組みを支援する。

○タンザニア「第10次貧困削減支援借款（PRSC）」（15億円、E/N締結済、L/A調印済）
―「成長と貧困削減のための国家戦略」の実現に向けた具体的な政策目標や活動を設定し、タンザニア政府の取組みを支援する。

○インドネシア「連結性強化開発政策借款」（約198億円、E/N締結済、L/A調印済）
―インドネシア政府が、インフラ開発及び連結性強化に関する政策課題を達成することにより、同国の持続的経済成長と地域間格差是正を促進する。

○ラオス「第9次貧困削減支援オペレーション」
（5億円、E/N締結済、L/A調印済）再掲
―ラオスにおける保健分野の改善に向けた取組みを支援。

(10) 変動金利制の導入

① 背 景

固定金利のみならず変動金利の選択肢を借入人に付与することにより、円借款の魅力を高めると共に、開発途上国の債務管理能力の強化を図ることが必要。その際、所得段階に

＊24）1998年に始まったアジア金融危機では、タイ政府は多額のデリバティヴ取引を行っていたが、ALM（資産と負債の管理）が考慮されておらず、中進国であっても債務管理能力が不十分であったことが浮き彫りとなった。そのため、世界銀行等では、途上国の債務管理能力の強化が不可欠との認識のもと、変動金利借入を行わせて実地訓練することが、債務管理を自分でできるようになるための第一歩と考え、その導入に方針転換。他方、マーケットにおいて、90年代終わり頃からデリバティヴ市場が大きく発展し、特に、スワップ・オプション市場は98年から飛躍的に拡大し、現在では30年金利スワップを組むことが容易となっていること、借り手側も柔軟な対応ができる商品を借入れ、より機動的に債務管理を行いたいとするニーズが高まったことも背景。

応じた対応を行うことが求められる[*24]。

　特に、既に一定の開発水準に達している国は、市場からの資金調達も可能であり、ODAからの卒業も見据えて、市場で一般的な変動金利に慣れ、債務管理能力を高めていくことが重要。併せて、JICA財務への収支改善効果を期待。既に、世界銀行[*25]、ADB[*26]の融資も、貧困国を除き、原則、変動金利で融資。

② 新制度の概要

1）卒業移行国等、既に一定の開発水準に達している国に対して、変動金利を導入。市場の金利スワップレート（円6カ月LIBORに対するレート）を用いて、現行の各供与条件と等価となるような変動金利の水準を算出（年に2回見直しを実施）。

2）下限金利を0.1％、上限金利をGE25％となる水準と設定。

3）「中進国を超える国（卒業移行国）」には変動金利のみを適用。「中進国」には原則変動金利を適用するものの、固定金利も選択可能とする。

「低所得国および中所得国」には原則固定金利を適用するものの、変動金利も選択可能とする。

③ 具体的な案件例（※再掲）

○パナマ、トルコで案件形成中。

(11) 外貨返済型円借款の導入

① 背景

　借入国において米ドルを軸に債務管理を行っている場合に、円資金の調達コストや為替変動リスクの軽減をすべく、外貨返済により外貨建てでの債務額を確定するニーズが存在。

② 新制度の概要[*27]（本制度は既に25年1月より導入）

1）借入国からの要望に応じて、米ドルでの返済を可能とする外貨返済型円借款を導入。

[*25] 世界銀行では1993年より、変動スプレッドローン（Viable Spread Loan）の提供を開始し、1999年に固定スプレッドローン（Fixed Spread Loan）を導入。これを機に従来の通貨プールローン（Currency Pool Loan）の提供を2001年に停止し、LIBOR連動型ローンのみに移行。

[*26] ADBでは、2001年からLIBORベースローン（LIBOR-Based Loan）を導入し、これに貸付形態を一本化。

[*27] 手続きの流れの概要は下記の通り：

1）L/A調印時借入人が希望する場合、外貨返済オプションを盛り込んだ借款契約（Loan Agreement：L/A）を締結。

2）貸付完了時外貨返済を希望する借入人は、貸付完了後、一定期間内に外貨返済オプション適用を申請。申請が所定の条件を満たしている場合、JICAは通貨スワップ取引を通じて米ドル建ての新条件（元本、金利等）を決定の上、借入人に通知。

3）返済時借入人は米ドル建ての新条件に基づき元利返済を行う。

2）適用対象国は、中所得国以下の国（但し、債務返済のトラックレコードが良好な国に限る）。
3）適用案件は、償還期間15年（うち据置期間5年）及び償還期間20年（うち据置期間6年）の供与条件を適用した案件。

③ 具体的な案件例
○パラグアイ「東部輸出回廊整備計画」（プレッジ済）
―パラグアイ東部地域に舗装道路・橋梁拡幅等を整備することにより農産物等の輸出を活性化させる。パラグアイ政府の希望により、米ドル建て歳入を円借款の返済原資とすることで合意。
○エルサルバドル
「災害復旧スタンドバイ借款」（プレッジ済）再掲
―ハリケーン等災害リスクの高いエルサルバドルに災害発生時の復旧資金を迅速に供与すると共に、災害リスク管理能力の向上を図る。エルサルバドルの通貨は米ドルであるため、米ドルを円借款の返済原資とすることで合意。

(12) その他
① 供与条件の見直し頻度を、市場金利への追随性を高めるため、年1回（4月）から年2回（4月、10月）に変更。
② コミットメント・チャージを廃止する一方、フロント・エンド・フィー（0.2%）を導入[28]。

3．JBICインストルメントの改革

（1）海外展開支援融資ファシリティの創設[29]

① 目　的
日本経済再生に向けた民間投資を喚起する成長戦略として、日本企業の海外展開支援を実施[30]。

[28) なお、予め合意した目標（貸付実行期限）前に貸付完了を達成した場合、フロント・エンド・フィーのうち0.1％を遡及的に免除する制度を導入することにより、目標達成のインセンティヴを維持。
[29) 2013年3月末に期限を迎えた円高対応緊急ファシリティの支援対象分野を拡充（投資金融、輸入金融で、日本企業の海外展開に資するすべての事業を追加）の上、発展的に改編して創設。なお、ファシリティとは、新たな勘定や基金を設けるものではなく、出融資保証の事業管理上の整理。

② 対　象
1）日本企業によるM&Aの促進
2）資源・エネルギーの確保・開発の促進
3）海外事業安定化支援
4）その他日本企業の海外展開に資する事業

③ 融資財源

外貨調達環境が依然として厳しい状況にある中、JBICによる日本企業の海外展開支援に万全を期すため、通常の財源（財政投融資やJBIC自己資金）を原則とした上で、必要に応じ外為特会からの借入を活用。

④ 実績（2013年12月末現在）　総計121億ドル
1）資源　45億ドル（10件）
2）M&A　45億ドル（16件）
3）安定化支援　0.7億ドル（6件）
4）その他　30億ドル（44件）

(2) 海外展開支援出資ファシリティの創設

① 目　的

リスクマネーの供給による日本企業の海外展開支援の強化

② 対　象

海外M&A、インフラ、資源分野等

③ 財　源

JBICの通常財源を基本としつつ、24年度補正予算において、財政投融資特別会計（投資勘定）より690億円を出資。計2000億円を目途とする。

---

*30) 本邦企業の海外展開が国内空洞化に繋がるという意見もみられるが、統計を見ると、海外展開する企業ほど国内事業を維持・拡大する傾向がみられる。例えば、「わが国製造業企業の海外事業展開に関する調査報告—2013年度海外直接投資アンケート結果」（2013.11　JBIC）によれば、中期的に海外事業を拡大する企業（500社）のうち、86.4%が国内事業を維持又は拡大する見通しを示しており、国内事業を縮小する見通しを持つ企業は9.4%にすぎない。また、産業構造審議会新産業構造部会報告書「『成熟』と『多様性』を力に」（2013.6）においても、企業が「海外展開することは、必ずしも、国内産業の空洞化や雇用喪失につながるものではない。例えば、上場企業におけるアンケート調査によれば、過去3年間では、海外生産高を拡大した企業ほど、国内雇用も拡大している。また、今後の見通しにおいても、海外生産を拡大する意向の企業の多くは、国内雇用も拡大する意向を示している。海外市場の獲得に向け、『攻めの経営』で海外展開を行う企業は、国内においても雇用を増やしている傾向がある」としている。

④ 実績（2013年12月末現在）

698億円（5件）

（3）サムライ債の起債促進（GATEの適用対象を拡大）
① 背景
2010年4月、諸外国の政府・政府機関の東京市場でのサムライ債発行を後押しし、発行体の東京市場への呼び込み・定着、日本の投資家の投資機会拡大・運用手段多様化、ひいては東京市場活性化に繋がることを期待し、新規サムライ債発行支援ファシリティ（GATE[*31]）を創設。以降、メキシコ、インドネシア、トルコ、チュニジア等複数の発行体によるサムライ債発行をJBICによる保証・取得を通じて支援してきたが、政府・政府機関以外の発行体等も対象にする等、適用対象の拡大について業界等から強い要望があった。

② 具体的な施策の概要
1）支援対象に、外国の銀行を追加する。但し、邦銀等と資本関係又は業務提携関係を有し、かつ現地日系企業又は日系企業とサプライチェーンを通じ商取引の関係を有する現地企業に対する長期資金を供与するために必要な資金の調達であること等が条件。
2）また、日本にとって戦略的に重要であることや、サムライ債の販売見通しが十分に見込めることを勘案することにより、発行体の適用要件を柔軟化。

③ 現状
12月18日、モンゴル開発銀行が発行するモンゴル政府保証付きサムライ債（300億円）に対する保証に関する諸契約に調印。

（4）債権の流動化
① 背景
海外インフラ・資源関連事業では、リスクが高い建設期間中は債権を保有し、事業が安定化したところで投資家に譲渡することにより、自己資本比率を高め、より複雑な「ファイナンススキームを要する案件や、ハイリスク案件にリソースを集中することが望ましい。また、公的・準公的資金の投資対象を従来の伝統的な債券等からインフラ投資等に拡大するよう運用を高度化すべきとの提言[*32]が出され、これを踏まえた対応を図ることが政府

[*31] Guarantee and Acquisition toward Tokyo market Enhancement の略称。

の方針[*33]。

② 具体的な施策の概要

金融機能の強化を図るとともに、GPIF 等による投資も念頭に置きつつ、インフラ案件等に係る債権の流動化等の検討を行う[*34]。

まずは、既往案件の中から流動化が比較的検討できそうなものを抽出し、パイロット案件とすることを検討しつつ、中長期的には、新規案件形成段階から、事業安定化後の流動化を念頭に貸出条件を決定し、流動化対象案件を蓄積した上で、複数の流動化債権を束ねるなど、証券化して売却することを検討。

（5）二国間クレジット制度（JCM[*35]）との連携

① 背景

気候システムの温暖化に対応すべく、我が国としては、技術革新とその普及の先頭に立ち、国際的なパートナーシップを強化することが必要。そのための我が国の戦略であるACE[*36]の一環として、JCM の署名国の倍増を目指し、協議を加速する中で、JBIC も貢献。

② 具体的な施策の概要

JCM 特別金融スキーム（JSF[*37]）の一環として、JCM に登録される事業に対して、輸出金融、投資金融及び事業開発等金融を活用した積極的な支援を実施。

（6）輸出金融の3割ルールの柔軟化

① 背景

輸出金融においては、従来より、輸出契約額の3割以上の本邦品（我が国において生産

[*32]「公的・準公的資金の運用・リスク管理等の高度化等に関する有識者会議」の「報告書」（2013年11月。以下「公的・準公的資金有識者会議報告書」）において、「GPIF 等については、年金財政における給付と負担の長期的な見通しの下で、内外の先進的な公的年金資金運用機関を参考にして、市場環境の整備状況を踏まえつつ、後述するリスク管理体制の構築を図った上で、新たな運用対象（例えば、REIT・不動産投資、インフラ投資、ベンチャー・キャピタル投資、プライベート・エクイティ投資、コモディティ投資等）を追加することにより、運用対象の多様化を図り、分散投資を進めることを検討すべきである」と記述。

[*33]「好循環実現のための経済対策」（平成25年12月5日閣議決定。以下「経済対策」）においては、「年金積立金管理運用独立法人（GPIF）をはじめとする公的・準公的資金の運用等の在り方について、（中略）有識者会議の提言を踏まえ、（中略）必要な施策を迅速かつ着実に実施すべく所要の対応を行う」と記述。

[*34] 上記「経済対策」及び「金融有識者会合提言」においても明示。

[*35] Joint Crediting Mechanism の略称。

[*36] Actions for Cool Earth（美しい星への行動）の略称。

[*37] JCM Special Financing Mechanism の略称。現在の署名国は8カ国。

されたもの）が含まれること等を要件として、第三国品を含む輸出契約全体を融資対象とすることができる運用（3割ルール）を行ってきた。これに対し、本邦企業の海外現地法人からの調達分をカウントすることにより、JBICの融資対象を拡大するよう経済団体等から要望があった。

② 具体的な施策の概要

本邦品を「1割以上」確保し、かつ本邦品と日系現地法人等において生産されたもの（日系品）との合計が輸出契約額の3割以上を確保すること等を要件に輸出契約全体を融資対象とすることができるよう、3割ルールの柔軟化を実施。

(7) ローカル・バイヤーズ・クレジットの運用開始

① 背 景

上記（6）同様、日本企業の海外拠点を起点とした取引に対する支援強化に関する業界からの要望等を受け、投資金融を活用して海外子会社による第三国輸出や進出先国での販売支援のためのファイナンス供与を実施できるよう検討をおこなった。

② 具体的な施策の概要

日本企業の海外子会社による設備や技術の輸出・販売に必要な資金を、当該海外子会社の取引先に対して融資する。融資対象・期間等の各種条件はOECDアレンジメント条件を準用。なお、投資金融としての適格性を担保するため、海外子会社の行う海外事業に要する長期資金に充てられることを海外子会社が誓約。

③ 現 状

ブラジル石油公社（ペトロブラス）が日系現地法人から機器等を購入するために必要な資金に係るクレジットライン（2013年7月）や、香港系海運大手（Pacific Basin Shipping Limited）が常石造船㈱の中国現地法人からばら積み船を購入するために必要な資金に係る融資（2013年8月）、インド国営火力発電公社が㈱東芝の現地法人等から超臨界圧石炭火力発電にかかる蒸気タービン発電設備等を購入するために必要な資金に係る融資（2014年1月）等、これまでに約6億ドルの融資契約に調印。

4．JICA海外投融資[38]の改革（現地通貨建ての導入）

（現地通貨建ての導入）

① 背 景

海外投融資による支援が想定されるインフラ案件においては、事業収入はドル建てまた

は現地通貨建ての場合が大半であるが、現状のJICA海外投融資での融資通貨は円のみであるため、為替リスクは借入人である民間企業等が負担している。借入人の為替リスクを低減し、日本企業の海外でのインフラプロジェクト進出支援に向けた海外投融資の戦略的な活用のため、現地通貨建て融資が強く求められていた。

② 新たな制度の概要　（２つのスキームを新設）

１）通貨スワップ（CCS [39]）を用いた融資
・政府保証外債を発行し米ドル建てで資金を調達[40]。
・米ドルと現地通貨とのCCSにより、現地通貨を調達。
・借入人に対し現地通貨を貸付け[41]。

２）NDS[42]を用いた融資（CCS市場不在の場合）
・政府保証外債を発行し米ドル建てで資金を調達[43]。
・外為市場（スポット取引）で米ドルを現地通貨に交換し、現地通貨を調達。
・借入人に対し現地通貨を貸付け
・元本の交換（現地通貨渡し、米ドル受取り）を実際には行わず、差金決済のみを行うNDSで為替リスクをヘッジ。

③ 現　状

年度内の審査を目指し、現地通貨のスワップ市場があり、かつ、海外投融資での支援候補があるインドネシア（ルピア）の案件で検討中。

５．日本政策投資銀行（DBJ）を活用した海外インフラ投資

① 背　景

海外インフラ案件には膨大な資金ニーズがあり、これへの貢献が求められている。また、

[38) 平成13年度末に一旦、廃止されたが、産業界等からの再開の要望が強く、22年度にパイロット事業、24年度に本格再開を実現。その条件として体制強化を行い、窓口、一次審査、既往案件モニタリング等を担当する民間連携室を民間連携事業部に格上げすると共に、民間金融機関出身者を含め人員増を実施。

[39) Cross Currency Swapの略称。

[40) 円―現地通貨スワップは米ドルを介したクロス取引になるため高コスト、高リスク。これを回避するため、JICAに米ドルでの起債（政府保証外債の発行）を認める。

[41) CCSと現地通貨の貸付契約を同じ償還スケジュールとすることにより、JICAの為替リスクを回避。

[42) Non Deliverable Swapの略称。

[43) 円―現地通貨NDS市場は非常に薄く、システムもないことから、ここでも米ドルでの起債を認める。平成26年度は600億円を上限。

これらは長期安定的なインカムゲインが期待される一方、単独投資が困難な大規模事業が多い。更に、GPIFのインフラ投資等への運用対象の拡大の検討が求められている[*44]。

② 具体的な施策の概要

GPIFの運用対象の拡大にあたっては、健全なストラクチャーで収益性の高い海外インフラ案件等を対象に、DBJのノウハウを活用した海外年金ファンドとの共同投資[*45]を推進。

6．参考（日ASEAN特別首脳会議にて表明された経済協力案件）

（1）カンボジア

2015年のASEAN共同体発足も念頭に、南部経済回廊の整備等の連結性強化に向けた道路整備支援、投資促進に資する首都圏送配電網整備支援、及び貧困削減対策として灌漑排水施設改修・改良支援の分野で新たに3件138億円の円借款供与を表明。

（2）フィリピン

〇「災害復旧スタンド・バイ借款」（500億円、E/N締結済）
―災害発生に先立ち、融資支援枠や資金使途等を合意し、災害発生時に、借入国からの要請を以って速やかに融資を実行するもの。
〇「フィリピン沿岸警備隊海上安全対応能力強化計画」（187億円、E/N締結済、L/A調印済）
―フィリピン沿岸警備隊（PCG）に船舶を供与することにより、沿岸海域（領海）での海難救助等の業務を迅速かつ適切に実施する能力の向上に向けた支援を行う。

（3）ベトナム

〇「ダニム水力発電所増設計画」（75億円、E/N締結済）
―ベトナム南部の既設水力発電所において発電機器の増設を行うもの。
〇「ハノイ市環状3号線整備計画（マイジック－タンロン南間）」（206億円、E/N締結済、L/A調印済）
―首都ハノイ市の外郭に沿う環状3号線のうち、高規格道路が未整備である約5kmの区

[*44]「公的・準公的資金有識者会議報告書」。前注32参照。
[*45]「金融有識者会合提言」において明記。

間において高架型の都市高速道路を整備するもの。
○「ノイバイ国際空港第二旅客ターミナルビル建設計画第３期」（261億円、E/N 締結済、L/A 調印済）
―ハノイのノイバイ国際空港において、国際旅客用の第二旅客ターミナルビルの建設及び付帯施設一式の整備を行うもの。
　上記に加え、インフラ整備等、５件総額約1,000億円の円借款を新たに供与する決定を下した旨伝達。

（４）ミャンマー

　鉄道、水道、灌漑等の整備のための総額632億円の円借款４件の供与を決定。また、JBIC はミャンマー国家計画経済開発省と、民間プロジェクト促進のための会社設立に向けた覚書を締結。

（５）ラオス

○「第９次貧困削減支援オペレーション（プログラムローン）」（５億円、0.70% ⇒0.01%、E/N 締結済、L/A 調印済）
―ラオスにおける保健分野の改善に向けた取組みを支援。
○「ビエンチャン国際空港ターミナル拡張計画」
（90億円、E/N 締結済、L/A 調印済）

第3章 アルゼンチンの公的延滞債務解消について

1. 背 景

(1) アルゼンチンは2001年12月のデフォルト(債務不履行)宣言以降、公的債務返済が滞り、パリクラブ[*1]債権国に対する公的延滞債務が本年4月30日時点で97億ドルに達していた。我が国はドイツに次いで二番目の大口債権国であり、その延滞債権残高は2,221億円[*2]と全体の約2割を占めていた。この巨額の延滞債務問題は国際金融コミュニティの最大かつ最長の懸案の一つであったことに加え、アルゼンチンは国内総生産4,822億ドルの大国であり、G20のメンバー国であるにもかかわらず国際金融市場から孤立し、公的債務処理を第一歩とした関係正常化が求められていた。近年は、高インフレや財政赤字拡大等、経済状況が悪化する中、外貨準備も減少[*3]していた。

(2) こうした中、アルゼンチンはパリクラブに対し、本年1月、公的延滞債務の全額返済を公式提案として提示してきた。その意図としては、パリクラブとの関係正常化により、国際市場における起債やパリクラブ諸国からの輸出信用供与が再開され、海外投資が増加することを期待したものと推測されている。

---

* 1) パリクラブは1956年に設立された主要先進国による非公式の債権国会合であり、現在は20か国が参加。56年の最初の合意はまさにアルゼンチン債務にかかるものであった。その後、今日に至るまで、90債務国と430の合意を取り纏め、5,830億ドルの債務を取り扱った。事務局はフランス財務省国庫総局。議事内容は非公開。
* 2) 延滞債務残高の内訳は、国際協力機構(JICA)79億円、国際協力銀行(JBIC)1,599億円、日本貿易保険(NEXI)543億円。
* 3) 2014年3月末時点で270億ドルと前年同月比で約3分の2の水準。これは輸入の約5か月分に相当。

（3）その後、債権国間、また、パリクラブ事務局とアルゼンチンの間で、非公式の折衝が繰り返された後、5月28日朝にアクセル・キシロフ経済財政大臣を招いたパリクラブ延滞債務解消交渉[*4]がラモン・フェルナンデス　パリクラブ議長（フランス財務省国庫総局長）の議事のもと、開催された。

　冒頭、キシロフ大臣より、アルゼンチンの経済・金融の状況について説明があり、包括的な成長と外的ショックに対する強靭性を高めるためにアルゼンチンが実施している措置が紹介された。その後、徹夜の緊迫した交渉を経て、翌朝29日6時過ぎに下記の合意に達した。

2．合意内容[*5]

（1）アルゼンチンは、パリクラブ債権国に対して負っている97億ドルの延滞債務全額を5年間で解消するアレンジメントに合意した。

（2）具体的には、2014年4月30日時点で97億ドルとなっている全公的延滞債務が対象。2015年5月までに最低11.5億ドルを支払い、その次の支払いは2016年5月とされ、5年以内に全額を返済する柔軟な構造となっている。

（3）延滞債務を完全に返済するとの正式なコミットメントの下で、アルゼンチンの最初の返済が実現することは、パリクラブ債権国が、アルゼンチンとの金融面での関係を正常化させるのに必要かつ重要な一歩である。今後、パリクラブメンバー諸国の輸出信用機関でそのようにしたい機関は、輸出信用にかかる活動の再開を検討することとなろう。

[*4] 債権国側参加国は、オーストリア、ベルギー、カナダ、デンマーク、フィンランド、フランス、ドイツ、イタリア、日本、オランダ、スペイン、スウェーデン、スイス、イギリス、アメリカ、イスラエル（非パリクラブメンバー国）。交渉に参加しないオブザーバーとして、オーストラリア、ノルウェー、ロシア、世界銀行（IBRD）、米州開発銀行IDB、欧州委員会（EC）、国連貿易開発会議（UNCTAD）事務局も参加。我が国は財務省開発政策課長が政府代表（Head of Delegation）であり、今回は筆者が代表して交渉。

[*5] より具体的な返済計画や金利条件等については非公表。なお、適切な金利を課することに加え、完済、そして可能な限りの早期返済のインセンティヴを盛り込んでおり、かなり複雑なものとなっている。

3．評　価

（１）アルゼンチンは昨年秋以降、ICSID（投資紛争解決国際センター）の判断に従っての米国企業に対する支払い履行、YPF社（スペイン大手石油会社レプソル社の子会社）の国有化に伴うレプソル社への補償の支払い、IMFに勧告された経済統計指標（消費者物価指数と実勢との乖離）の是正措置への対応など、対外的な関係を改善させる動きを見せてきていた。

（２）パリクラブ債権国は、債権国、国際金融コミュニティ、国際機関との関係正常化に向けた、2001年の危機以降のアルゼンチンの取組の進展を歓迎した。同国の国際金融市場への復帰には国際機関とのさらなる関係改善が重要であり、特に、4条協議の再開[*6]をはじめとして、IMFとの関係改善を図っていくことが有効であると考えられ、この面でも積極的な取り組みを期待するところである。

（３）今後はアルゼンチンによる合意の着実な実行が必須である。特に、各国輸出信用機関の活動再開には、最初の公的債務返済の確実な実施はもとより、各機関個別の信用リスク等の判断に委ねられており、良好なトラックレコードが必要条件であることはいうまでもない。

（追記）なお、民間債務については、2001年12月のデフォルト宣言後、アルゼンチン政府は2005年と2010年に債務再編を行い、92.4％の債権者が再編に応じた一方で、再編に応じなかった債権者（「ホールドアウト債権者」）の一部は、債務再編後の新債券に対してのみ支払いを行う同国政府に対し、債権者を平等に扱うことを求めるパリパス条項（債権者平等条項）に違反しているとして提訴し、米国の法廷で争ってきた。連邦地裁、控訴裁が原告の主張を認め、パリパス条項違反を認定したことを受けて、アルゼンチン政府は連邦最高裁判所に再審理を請求していたが、本年6月16日に請求が棄却された。

　この請求棄却を受けて、ホールドアウト債権者に対する支払いを拒否した場合、新債券への支払も差し止められることに加え、新債券の利払い日が6月30日（注：7月30日まで、

[*6) アルゼンチンとのIMF4条協議は2006年以降、実施されていない。

30日間の猶予期間あり）となっていることから、猶予期間内に問題を解決できない場合、同国がテクニカル・デフォルトに陥る可能性が指摘されている。アルゼンチンは新債権者には通常通り支払うとして米銀行宛に入金したものの、裁判所はこの支払金の返還を銀行に命じ、6月30日時点で支払は行われていない。この間S＆Pが同国国債の格付を2段階引き下げてCCC−とするなど、再びカントリーリスクが上昇する動きも見られており、政府はホールドアウト債権者との交渉による何らかの合意を模索している模様で、裁判所も専門委員を指名し協議仲介に当たらせることとしている。

　また、上記判決を受けて、将来的に国家債務再編が必要となった場合に、債権者が再編に応じなくなるのではないかとの懸念も一部から示されており、今後の国家債務再編の在り方についての議論にも少なからず影響を与える可能性がある。

第4章
保健政策閣僚級東京会合
Global Conference on Universal Health Coverage

1．平成25年12月6日、日本政府と世界銀行の共催により、「日本政府と世界銀行による保健共同研究」を総括し、開発途上国等のユニバーサル・ヘルス・カバレッジ（UHC）[※1]の課題と経験を共有すべく、保健政策閣僚級東京会合が成功裡に開催された[※2]。このような国際会議は過去にみられず、日本で開催することは勿論、初めてである。

（麻生副総理兼財務大臣による演説）

　主催者として、麻生太郎副総理兼財務大臣とジム・ヨン・キム世界銀行総裁が代表して演説され、田村厚生労働大臣、木原外務大臣政務官、本イニシアティヴを主導された武見敬三参議院議員やティモシー・エヴァンス世銀保健局長等がプレゼン等をされた。ゲストとしては、マーガレット・チャン世界保健機関（WHO）事務局長に加え、シェ・アイッティ　ガーナ保健大臣、ペ・テ・キ ミャンマー保健大臣、アワ・マリー・コールック　セネガル保健・社会活動大臣、ティエン・ン・ティ・キム　ベトナム保健大臣や、マイ・ライシュ　ハーバード大学教授、サマーズ LANCET 編集主幹等も発表された。政府関係国

※1）世界保健機関（WHO）の定義によれば、「すべての人が適切な予防、治療、リハビリなどの保健医療サービスを、必要な時に支払い可能な費用で受けられる状態」。
※2）本会合の開催に係る報道発表は次のリンクの通り。http://www.mof.go.jp/international_policy/others/hokenkaigou_result.htm

（左から、チャン WHO 事務局長、キム世銀総裁、麻生副総理兼財務大臣、武見参議院議員）

際機関、援助機関、研究者、NGO の代表等、約200名が参加し、活発な議論が展開された[*3]。

2．この保健共同研究は、日本が1961年に UHC を達成し50周年を迎えたことを機に、日本の UHC に関する経験・知見を共有し、各国の UHC に向けた政策への適用可能性を検討することを目的として実施された。研究対象のバングラデシュ、ブラジル、エチオピア、フランス、ガーナ、インドネシア、日本、ペルー、タイ、トルコ及びベトナムの11か国は、いずれも UHC の実現または持続に向け強い決意を持って改革に取り組んでいる国々であり、各国が直面する課題や経験の分析は貴重な教訓を齎している。

3．こうした研究成果を踏まえ、各国の指導者が UHC の政策の立案・実行にあたり有効となる提言及び日本の UHC の経験から特に重要な教訓を「主要政策メッセージ」として本会合で取り纏めた。その概要は、下記の通りである。

（1）キー・ポリシー・メッセージ

UHC の目標は、適切な予防、治療、リハビリなどの保健医療サービスを、必要な時に支払い可能な費用で提供できるようにすることである。UHC は、人々の健康と福祉を改善し、公平で持続的な経済成長の基盤を形成する。日本を含む11か国の研究成果を踏まえたキー・ポリシー・メッセージは以下の通り。

① 政治リーダーシップ

UHC の適用と拡大は、強力な政治リーダーシップと長期のコミットメントが必要であ

[*3] 本プロジェクトの事務局は財務省国際局開発政策課が務めた。共同研究は武見議員とエヴァンス局長の指揮のもと、池上直己慶應義塾大学教授と前田明子世銀首席保健専門官が中心となって取り纏められた。会議運営に当たっては（公財）日本国際交流センター（JCIE）の支援を得た。（独）国際協力機構（JICA）等からも知的支援を得た。

る。
② 公平性の確保
　経済成長は保健サービス提供範囲の拡大に寄与するが、財源とサービス供給の再配分に係る公平性の確保のため、継続的な政策の見直しが求められる。
③ 支出管理、費用抑制
　UHCの範囲拡大に向け、歳入の増加及び効果的な支出管理の両方を推進する必要あり。また、制度の財務的持続性の改善に向け、効果的な費用抑制策が必要である。
④ 保健サービス供給体制の強化
　UHC達成により生じる保健医療サービスへの需要に対応するため、保健人材の教育・研修体制の整備を進める必要がある。また、地域の状況や住民が必要とするニーズ、保健人材の能力向上に係るインセンティブ等を考慮して、サービス供給体制の整備を進める必要がある。
⑤ プライマリ・ケア[*4]、公衆衛生の重要性
　プライマリ・ケア及び公衆衛生プログラムへの投資を通じ、保健サービスのアクセス改善、予防可能な疾病の管理、医療費の抑制が可能となる。

（2）日本の経験からの教訓
　日本は、1961年にUHCを達成し、保健分野への投資は、経済成長の担い手である中間層の創出に貢献した。日本のUHCの課題・経験に基づく主な教訓は下記の通りである。
① 公平性の確保
　日本では、一般会計からの財源補てん、保険者間の財政移転を通じ、公平性を確保してきたが、保険者間で徴収する保険料に格差が生じており、公平性の維持が課題となっている。
② 財務的持続可能性
　診療報酬制度による全国共通の公定価格を通じ、医療費の抑制を図ってきたが、急速な高齢化による医療費の増大に対処し、国民皆保険制度の財務的持続性を向上させるため、従来の「年齢別」から「負担能力別」に負担の在り方を切り替えていくことが重要。具体的な検討項目として、豊かな保険者と財政基盤の脆弱な保険者の間の財政調整の拡大、所得水準の高い保険者への一般財源からの補てんの見直し、高齢者の医療費自己負担の見直し等が挙げられる。

＊4）プライマリ・ケア：生活の上で必要となる、身近な立場で健康をサポートする総合的な医療。

③ **国立病院改革の成果と挑戦**

　国立病院と国立療養所は、かつて非効率な運営がなされ、多額の財政投入を必要としていたが、国立病院機構に独法化されたことにより、一定の経営責任の明確化、効率性の改善が果たされた。

④ **保健所による公衆衛生業務の意義**

　保健所における公衆衛生業務は、結核や脳卒中などの予防可能な疾病の削減、妊婦及び子供の健康の改善に重要な役割を果たし、社会保険制度の下で提供される医療サービス外の部分を補完することにより、UHCの達成と維持に貢献した。

4．会議冒頭の演説において、麻生副総理兼財務大臣からは、現代の多様な保健ニーズに対応するためにUHCの重要性が高まっており、第二次大戦後、日本が保健分野への投資を進め、UHCを達成したことで高度経済成長の担い手である中間層の拡大に寄与したことが紹介され、国民皆保険制度の達成後も、現代の成熟社会における制度の財政的持続性の維持・向上のためには、継続的な改革が必要である旨が述べられた。（参考　麻生副総理兼財務大臣演説参照）

　また、キム世銀総裁からは、現在、開発途上国においてUHC実現に不可欠な包括的な保健改革を進める動きが拡大していること、また、今回の研究を通じUHCが遅れている低所得国であっても、UHCの実現を目指すことは可能であり、それは、2030年までに極度の貧困を撲滅し、繁栄の共有を促進していくうえで重要な意味を持つことが述べられた。

5．なお、本閣僚級会合の前日には、研究者・実務者を主な対象としたテクニカル・ラウンド・テーブルが都内で開催され、本共同研究の詳細報告と協議が行われ、総勢約160名が参加し、活発な議論が展開された。

　また、本共同研究の成果を開発途上国の政策担当者等に共有するため、都内で研修プログラム（フラッグシップコース）が12月9日から17日にかけて開催された。開発途上国の保健、財政当局の政策担当者を中心に、23か国から約80名が参加し、有益な知的共有がなされた。

（参考）麻生副総理兼財務大臣演説[*5]
 1．はじめに
○本日は、日本政府と世界銀行による保健政策閣僚級会合に、
 ・チャン世界保健機関事務局長、
 ・アイッテイ ガーナ保健大臣、
 ・キン ミャンマー保健大臣、
 ・セック セネガル保健・社会活動大臣、
 ・ティエン ベトナム保健大臣、
など、多数のご出席を賜り、誠にありがとうございます。また、私とともに、主催者代表としてご列席頂いているキム世界銀行総裁にも厚く御礼申し上げます。

 2．ユニバーサル・ヘルス・カバレッジの意義
○保健は、人々の尊厳を守ると同時に、経済・社会発展の人的基盤を築き、経済インフラの整備と一体となって貧困の削減と経済成長を実現するための大前提となるものです。現在、各国の保健をめぐる環境は、人口の高齢化に加え、結核等の感染症から、高血圧、糖尿病、がんなどの非感染症疾患にシフトするといった疾病構造の変化もあって大きく変貌しており、多様な保健ニーズに対応していくため、保健システム全体の底上げに向けたユニバーサル・ヘルス・カバレッジの重要性が高まっています。

 3．日本の経験の共有
○日本は、責任ある成熟国家として、世界で保健分野の協力を推進していく責務があると私は信じています。日本は、過去約半世紀の間に、国民の健康水準を大幅に改善し、世界一の健康長寿社会を実現しました。1950年には、平均寿命は、男性60歳、女性63歳でありましたが、2012年には男性76歳、女性89歳へと大幅に延伸しました。
○これは簡単に達成できたことではありません。第二次大戦後、国民所得は低い水準にありましたが、経済成長に先んじ公衆衛生への投資を積極的に進めました。そして、1958年に「国民健康保険法」が制定され、1961年には全国の市町村で「誰でも」「どこでも」「いつでも」保健医療を受けられる、ユニバーサル・ヘルス・カバレッジを達成しました。以降、低所得者の加入する保険者に対する一般財源からの補てんや保険者間の財政調整など、異なる社会グループ間の格差を減らしたほか、全国共通の診

[*5) 実際は英語で演説されたが、和文抄訳を掲載。

療報酬体系を導入すること等により、公平性の改善と費用の抑制を図ってきたわけであります。こうして、日本の保健医療制度は、高度経済成長の担い手である健康な中間層の拡大に大きく寄与しました。

○一方で、成熟化した現代の日本では、急速な高齢化や医療技術の進歩等により、医療費は年々増大しており、制度の財政的な持続性の向上に向け、医療の適正化・効率化は避けて通れない課題となっています。国民皆保険制度の持続可能性を高めるための改革として、世代間の公平だけでなく世代内の公平も重要との観点から、高齢者の医療費自己負担の見直しや、従来の「年齢別」から「負担能力別」に負担の在り方を切り替えて行うことが検討されています。具体的には、豊かな保険者と財政基盤の脆弱な保険者の間の財政調整の拡大、所得水準の高い保険者への一般財源からの補てんの見直し等の項目が検討されています。

○こうした日本の第二次大戦後の経験は、どのような経済・社会発展段階にある国でも国民の健康改善に着手することが可能であり、また、ユニバーサル・ヘルス・カバレッジに対する投資が社会へ大きなリターンをもたらすことを示しています。

4. 世銀との保健共同研究

○今回の「日本政府と世界銀行との保健共同研究」は、世界のユニバーサル・ヘルス・カバレッジ改革を主導し、ナレッジバンク（knowledge bank）として卓越したノウハウを有する世界銀行と連携し、日本のユニバーサル・ヘルス・カバレッジに係る経験・知見を、開発途上国の保健政策に活かして頂くことを目指し、２年間の共同研究を実施しているものです。研究の集大成であるこの会議が、世界のユニバーサル・ヘルス・カバレッジ改革の起爆剤となることを期待しております。また、来週からは、日本政府と世界銀行の共催により、ユニバーサル・ヘルス・カバレッジに関する研修プログラムである「フラッグシップコース」を開催し、開発途上国の保健、財政当局の担当者を中心に、20か国以上より約80名の受講生が参加する予定です。このフラッグシップコースを通じ、研究成果の一層の共有を図られることが期待され、大変喜ばしく思います。

5. 結 び

○最後に、たとえ経済・社会発展が遅れている国であっても、ユニバーサル・ヘルス・カバレッジの改革を開始するのが早すぎるということはありません。そして、国民皆保険の達成後も、国民が質の高い医療を受けられるようにするために、医療保険制度の持続可能性の維持と公平性の確保に向け、継続的な見直しを行っていくことが重

要です。日本は、自ら歩んできた経験を積極的に共有し、国際社会が共通に抱える課題に貢献していきたいとの決意を改めて述べ、私の挨拶を締めくくりたいと思います。ご清聴ありがとうございました。

第2部

通貨の最先端

第1章
資金の流れの大変貌

1．問題意識

（1）　世界の資金の流れは、その規模においても、方向においても、手法においても大きく変化している。民間資金の拡大、新興国のプレゼンス向上、金融技術の高度化といった変化は広く読者も認識されているところである。しかし、その変化のマグニチュードは、恐らく一般的な理解を超越しているというのが筆者の実感である。また、量が質を変え、質が量を生むダイナミズムのもと、その動きが加速していることも想像以上のところがある。そして、このダイナミズムに既存のさまざまな制度が対応できなくなり、制度改革が求められ、改革するとさらに動きが加速するスパイラルもみられる。この背後に技術革新とそれが齎したグローバリゼーションが存することはいうまでもない。

（2）　小生自身も、ワシントンDC勤務時代に中進国の台頭に衝撃を受け、その分析とさまざまな制度改革に取り組んだ[*1]が、その後、長らく予算関係の国内業務に従事した後、久方ぶりに国際的な環境に身を置き、さらなる激変に驚愕した次第である。中国、インドが、購買力平価（PPP）ベースのGDPで世界2位、3位となり、我が国は相当に劣後していくといった試算はかなり前から喧伝され、そのシナリオが崩れる可能性も生じているものの、その時期が相当に前倒しとなっていた。こういった実物経済の変容と、技術革新によるヒト、モノ、情報のグローバリゼーションとともに、資金の流れも大きく変容していた。

　＊1）　拙著『世界銀行超活用法序説』（霞出版社、2012年）、特に第1部第2章を参照。新興国が急速に台頭する中、リーマンショック直後、市場から資金が蒸発した金融危機への対応策とその策定過程等を略述。

最初に、それを痛切に感じたのは10年ぶりに参加したパリクラブ[*2]であり、パリクラブの外の世界、即ち、非メンバー国の債権、そして何よりも民間資金の扱いにパリクラブ自身が翻弄されていた。引き続き、アルゼンチンの公的延滞債務解消等、債務問題処理の中核的役割は変わらないものの、アウトリーチ、即ち、メンバー以外への働きかけや、パリクラブのそもそもの位置づけの検討の議論が始まりつつあった。こういった問題は、他の戦線、即ち、ECG[*3]において輸出競争の国際ルールに服していない国をどう扱うか、或いは、さまざまな地球環境問題において、温暖化ガス排出量が多く、また、急増しているにもかかわらず開発途上国の立場を堅持する国にどのように対応するか、さらには、DAC[*4]において、先進国ODAを凌駕する中進国や民間の膨大な資金移転をどのように扱うのか、つまり、ODAの定義の再検討[*5]といった議論にも共有した課題であり、いずれも悩ましいものである。

(3) さらに、資金の流れの変化は、従来の経済協力手法の改革や、民間の能力強化も迫っている。

我々としても、開発途上国政府のALMが高度化したり、PPP/PFIが活性化するとともに、民間資金主導となり、特に、プロジェクトファイナンスが主流化してきたため、これに対応できるよう、この一年、円借款におけるVGF（Viability Gap Funding）やEBF（Equity Back Finance）、変動金利貸付等の導入、国際協力機構（JICA）の海外投融資における現地通貨建ての新設、国際協力銀行（JBIC）のイ

---

*2）債務返済困難に直面した債務国に対し、二国間公的債務の債務救済措置を取り決める非公式な債権国会合で20カ国程度が参加。フランス財務省国庫総局（Tresor）が事務局。

*3）輸出信用作業部会（Working Party on Export Credits and Credit Guarantees：ECG）。経済協力開発機構（Organisation for Economic Co-operation and Development：OECD）の貿易委員会に属し、輸出信用を律する国際ルールを形成。このルールに外れた域外国の行動にどう効果的に対応していくかが悩ましいが、先進国の間でも、地球環境を守ることになる高効率石炭火力のファイナンスを維持できるかどうかの論争の場となっている。

*4）開発援助委員会（Development Assistance Committee：DAC）。OECDに属し、対開発途上国援助の量的拡大とその効率化を図ること、加盟国の援助の量と質について定期的に相互検討を行うこと、贈与ないし有利な条件での借款の形態による援助の拡充を共通の援助努力によって確保すること等を議論。最近、ODAの再定義についての議論を開始。

*5）我が国でも、2003年以来10年以上ぶりのODA大綱見直しの作業が、年内の閣議決定を目指して、開始されたところである。その背景として本稿が開陳するような状況変化があるが、荒木光弥氏は自ら主幹を務める雑誌において、①新興国の台頭、②民間資金の重視、③援助から民間投資へのシフト、④援助国も裨益するWin-Winの必要、⑤援助の質や動機の多様化、等を適切に掲げている（「国際開発ジャーナル」(2014年5月)）。本稿では詳述する紙面はないが、下記脚注6の拙稿等で示した通り、開発途上国が政府の援助よりも持続可能な自律的成長を齎す民間投資を求めるようになったこと、他方、援助国は福祉国家成熟等による財政難から対外援助の国益上の説明責任が高まり、自国企業の裨益を要件にせざるをえなくなってきたこと等が、資金の流れにも大きく影響を与えている。

ンスツルメントの改革を包括的な経済協力改革の中で講じてきた[*6]。長期的なキャッシュフローを平準化して初期投資のハードルを下げたり、リスク部分を吸収するエクイティを投入しやすくしたり、為替リスクを緩和する等、民間資金導入を前提としたプロジェクトに参加しやすくなるよう、支援手法を革新したわけである。また、インフラ輸出のボトルネックとなっていたライダーシップリスクにアドレスすることも念頭に、今国会での関連法案の成立を受け、今秋には株式会社海外交通・都市開発事業支援機構[*7]が設立される予定である。なお、民活事業は、民間のみで推進されることが望ましいことはいうまでもなく、政府の支援が民間をクラウドアウトしては本末転倒であるため、真に民間資金だけでは成立しない場合に行うべきこと、また、下駄を履かなければ本邦企業は国際競争できないということになってはいけないので、モラルハザードを起こさないよう、適切な競争条件を維持すること、さらに、万が一にも不良案件の駆け込み寺になってはならず、しっかりとプロジェクトの実施可能性を念査することが必須である。

より重要なことは、民間投資に死活的に重要であるマクロ経済の安定化、透明で予見可能性の高い法制度の整備といった投資環境を形成することであり、世界銀行等との協力のもと、相手国と政策合意して展開するプログラム借款も一層、活用する方向である。個別案件からセクター戦略、さらにはマクロ政策と、アップストリームにいくほど、高度な政策形成能力が求められるが、より強く広い影響力を行使し、より効果的な貢献を果たすこともでき、ひいては、本邦企業の進出にも繋がる。ポリシーチェーン、プロジェクトサイクル、サプライチェーンの進化のもと、その傾向が一層強まっている。

他方、このような世界標準に対応した制度改革に、本邦企業が後手に回ることのないよう、民間が海外で盛んなハイリスク・ハイリターンの投資にも積極的に参加できるような環境整備や能力育成策も推進してきた[*8]。海外投資案件はROE20％以上の案件が多く、

[*6] 拙稿「海外経済協力の包括的改革について」（「ファイナンス」平成26年2月号）参照。経済協力手法の革新は、本邦企業のインフラ輸出という成長戦略上の海外展開戦略の重要な一翼を占めており、閣僚級の経協インフラ戦略会議を司令塔として、関係省庁が協力して文字通りオールジャパンの枠組みの中で推進している。

[*7] 増大する民活型インフラ事業、特に、交通や都市開発のプロジェクトは、大きな初期投資、長期にわたる整備、運営段階の需要リスクという特性があり、民間だけでは参入困難の場合があるため、海外において交通事業又は都市開発事業を行う者等に対し、資金の供給、専門家の派遣その他の支援を行うことを目的とする株式会社。主な業務として、対象事業者に対する出資（民間との共同出資）や役員・技術者等の人材派遣、対象事業者等の事業に関する相手国側との交渉等。

[*8] 拙稿「金融・資本市場活性化について」（「ファイナンス」平成26年1月号）参照。日本が2020年に国際金融センターとしての地位を確立することを目標に、①豊富な家計資金と年金資金等が成長マネーに向かう循環の確立、②アジアの潜在力の発揮としての市場機能の向上、我が国との一体的な成長、③企業の競争力の強化、起業の促進、④人材育成、ビジネス環境の整備等について、具体的な施策を提言。アベノミクス3本目の矢「成長戦略」の中での金融関係の包括戦略と位置付けられる。

インフラ案件でも10％程度の水準を達成し、日本国内の低リターンがガラパゴス的でさえある。デフレ化における低リスク低リターンの合理性が、インフレ期待の醸成により失われ、資産を目減りさせないためには、より高いリターンを得られる成長分野への投資が求められるが、長いデフレ時代の間に、本邦企業の投資マインドは低下してしまっており、これを復活し投資意欲を向上させるための諸施策を、市場改革からひいては人材育成策まで展開しつつある。

（4）余談となるが、資金の流れは、安全保障戦略上も大きな意味をもっており、例えば、イランや北朝鮮の核問題に対して金融制裁が最も効果的であったといわれている。足元のロシア・ウクライナ問題においても、戦略的検討の中で、EUが原油で29％、天然ガスで21％もロシアに依存しているエネルギー分野と並んで、資金面の経済的ステークは重要な要素である。例えば、ウクライナに対する与信残高をみると、ロシアを含まないBIS統計で総額242億ドルと、各国総与信残高に占める割合は0.1％に過ぎず、高いエクスポージャをもつギリシャでも0.8％程度である[*9]。他方、BIS統計外のロシアの銀行によるウクライナ向け与信は、ロシア自身の発表によれば、280億ドルであり、また、ロシアの天然ガス債権が22億ドル滞っているとしており、ロシアが圧倒的に大きな債権者であることが推察できる。さらに、日本の与信状況をみると、民間銀行2億ドル未満、JICA191億円等と限定的である。

他方、ロシア向け与信残高は、BIS24カ国全体で2192億ドルもあり、最大のフランスは492億ドルとかなり大きい。日本の与信残高も近年増嵩しており、1兆6000億円を超えている。日系企業が自動車やエネルギー等、447社も進出する中、日本の直接投資も年々増加しており、2600億円を超える投資残高となっている。ロシアからの資金流出はリーマンショックの2008年から毎年続いているが、本年3月末、ロシアは年間で1000億ドルになる可能性に言及している。こうした金融エクスポージャーは制裁レバレッジの有効性の尺度となると同時に、国家間の相互依存関係がその破綻時には双方経済に打撃を与える。いわば相互確証破壊的な性格を示している。資金の流れの把握なしに平和と繁栄を検討することはできない。

（5）以上のような問題意識に立って、さまざまな分析とその政策的含意を以下、述べていくが、誌面の限界から全く一部しか開陳できない。また、中進国については、データが

[*9) 出典：国際決済銀行（BIS）「国際与信統計」（2013年12月）]

あまり公表されていないため、引き続き、研究していくところも大きい。

第2章が本論であり、開発途上国に対する資金の流れが、公的資金から民間資金へと、大幅にシフトしている実像等を、客観的統計をベースに分析する。

第3章で簡単にその背景分析を行い、第4章では、これらを踏まえ、政策的含意の例として、DAC（OOF、民間資金を含めた幅広い捉え方、長期資金のニーズ、新興国アウトリーチ等）、パリクラブ（新興国アウトリーチ、民間資金とのコンパラビリティ等）、ECG（新興国アウトリーチ等）、GCF[*10]（民間資金導入）、インフラファンド（民間資金、OOFの可能性）等を取り上げ、我が国が国際的制度構築においてリーダーシップを取って、国際社会に貢献しつつ、国益を実現していくための方策を示唆してみたい。

(6) なお、本稿は、小生の極めて優秀な同僚、即ち、髙橋龍太氏、髙橋暁人氏、河野真樹氏、平澤千裕氏、中村知則氏から、本業の激務の後、貴重な協力を頂いて成立した。特に、髙橋暁人氏には、資料収集・分析で多大なる貢献を頂き、改めて感謝申し上げる。

2．実態把握

(1) 開発途上国に対する資金の流れ
① 資金フローの概要

OECD統計によると、OECD諸国から開発途上国全体に対する資金フロー（2012年、国際機関経由を含む）は、総額5116億ドルであった[*11]。内訳は、ODA1730億ドル（構成比34％）、OOF301億ドル（同6％）、民間資金（Private Flow）3085億ドル（同60％）であり、民間資金が圧倒的に大きいシェアを占める（図表1）。

---

*10) 緑の気候基金（Green Climate Fund：GCF）。気候変動の影響に脆弱な開発途上国のニーズに配慮しながら、開発途上国による温室効果ガス排出の削減または低減や気候変動の影響に対する適応を支援するため、COP16で採択されたカンクン合意（2010年）で設立が合意された新たな基金。

*11) 出典：OECD. Stat Extracts（OECDが運営する統計データベース。以下リンクを参照。http://stats.oecd.org/Index.aspx）以降、本項（2.（1）及び（5））にて引用する統計は基本的にOECD. Stat Extractsに基づいている。

図表1　開発途上国全体に対する資金の流れ（ネットベース）

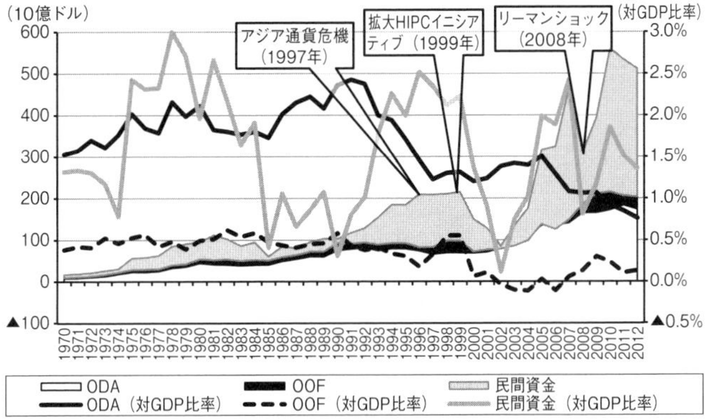

出典：OECD. Stat Extracts、世界銀行 World Development Indicators

② 公的資金の動向

(ア) 同じく、公的資金と民間資金の推移を比較すると、1990年にはODA747億ドル（構成比73％）、OOF183億ドル（同18％）、民間資金98億ドル（同9％）であったのに対し、2012年にはODA1730億ドル（構成比34％）、OOF301億ドル（同6％）、民間資金3085億ドル（同60％）となっており、民間資金のシェアが大幅に拡大したことが分かる。ただし、所得階層別[*12]では、低所得国（LICs）に対する資金フロー（2012年）は、ODA477億ドル（構成比88％）、OOF8億ドル（同1％）、民間資金57億ドル（同11％）であり、引き続き対外資金調達の手段としてODAが主要な役割を担っている。他方、中所得国（MICs）に対する資金フロー（2012年）は、ODA464億ドル（構成比18％）、OOF281億ドル（同11％）、民間資金1812億ドル（同71％）と、民間資金のシェアが最大である（図表2、3）。

また、ODAの地域別の受取額（2012年）は、アジア339億ドル（構成比25％）、アフリカ514億ドル（同38％）、アメリカ101億ドル（同8％）、ヨーロッパ80億ドル（同6％）、オセアニア21億ドル（同2％）、その他（地域分類不能）276億ドル（同21％）となっており、アジア及びアフリカで半数以上を占めている（図表4）。

(イ) 次に、同じくOECD. Stat Extracts及び世界銀行のWorld Development

[*12] 所得階層別による分類は、国際連合及び世界銀行により定められており、2010年を基準とする場合、低所得国（Low Income Countries：LICs）は一人当たりGNIが1915ドル以下の国・地域を、中所得国（Middle Income Countries：MICs）は一人当たりGNIが1916ドル以上3975ドル以下の国・地域と定義される。

Indicators に基づき、東南アジア地域を例に、ODA 実績（コミットメントベース）及び GDP 成長率の推移を比較すると、GDP 成長率は世界的な景気変動の影響により増減している一方、ODA 供与量は経済のダウンサイド局面においてもそれほど減少することはなく、むしろ、アジア通貨危機（1997年）や世界金融危機（2008年）においては前年比で増加している（図表5）。このように、ODA は景気の後退局面において経済を下支えする countercyclical role、及び経済危機後の民間資金フローの供給拡大に向けた触媒機能を果たしているといえる。

図表2　低所得国（LICs）に対する資金の流れ（ネットベース）

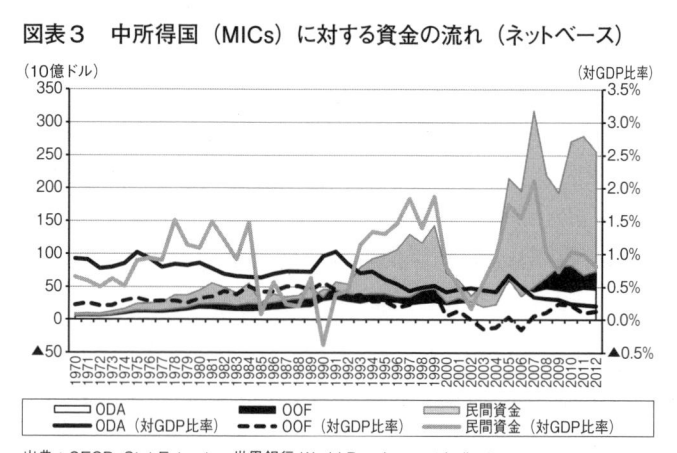

出典：OECD. Stat Extracts、世界銀行 World Development Indicators

図表3　中所得国（MICs）に対する資金の流れ（ネットベース）

出典：OECD. Stat Extracts、世界銀行 World Development Indicators

図表4　開発途上国に対するODA実績の推移（地域別）

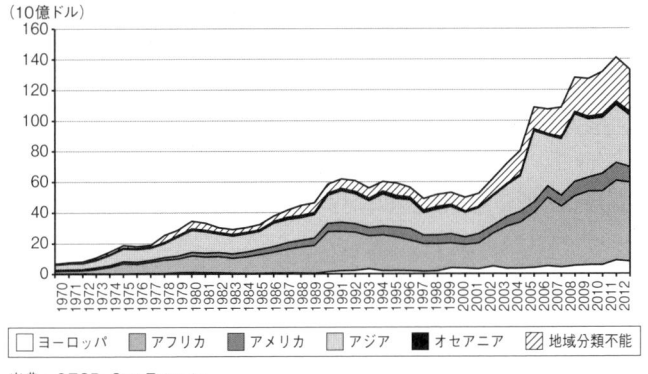

(10億ドル)

凡例：ヨーロッパ、アフリカ、アメリカ、アジア、オセアニア、地域分類不能

出典：OECD. Stat Extracts
※上記のグラフには、国際機関等向け拠出は含まれていない。

図表5　東南アジア地域に対するODA実績（コミットメントベース）及びGDP成長率

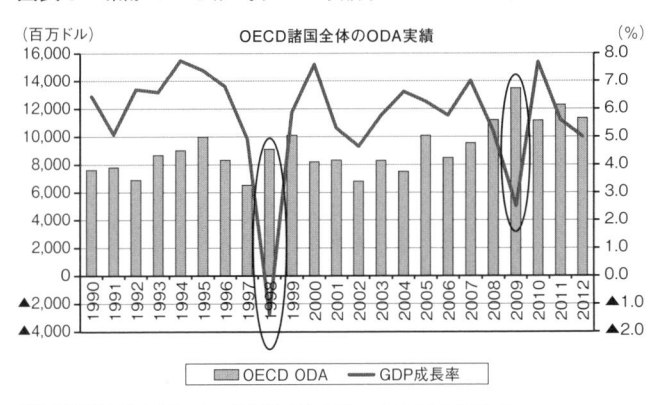

OECD諸国全体のODA実績
(百万ドル) / (%)

凡例：OECD ODA、GDP成長率

出典：OECD. Stat Extracts、世界銀行 World Development Indicators

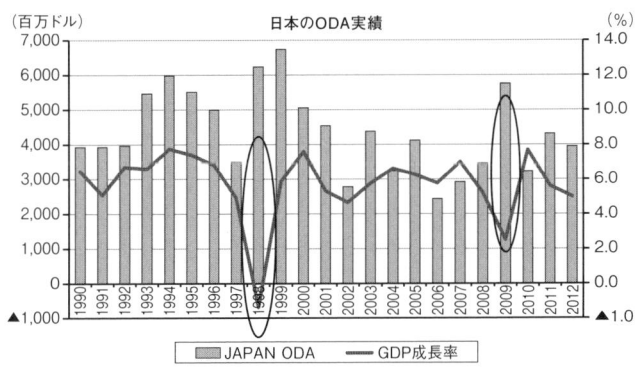

日本のODA実績
(百万ドル) / (%)

凡例：JAPAN ODA、GDP成長率

出典：OECD. Stat Extracts、世界銀行 World Development Indicators

③ 民間資金の動向

（ア）また、開発途上国に対する民間資金の内訳（2012年）を確認すると、対外直接投資（Foreign Direct Investment：FDI）が2079億ドル（構成比67％）、輸出信用（Export Credits）が94億ドル（同3％）、その他証券投資等（民間金融機関による貸付、株式投資等）が912億ドル（同30％）となっている（図表6）[13]。

図表6　開発途上国全体に対する民間資金の流れ（項目別内訳）

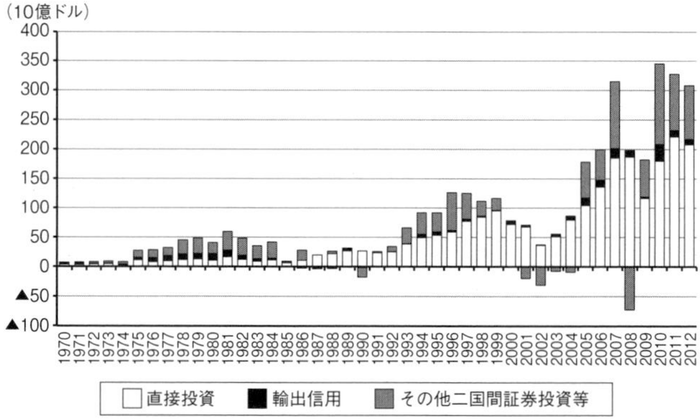

(10億ドル)

凡例：直接投資　輸出信用　その他二国間証券投資等

出典：OECD. Stat Extracts

（イ）民間資金のうち、特にFDIの拡大が顕著であり、2000年の719億ドルから2012年には2079億ドルへと、約3倍に拡大した（図表7）。

　また、地域別のFDIの内訳は、対アジア34％、対アメリカ33％とともに大きなシェアを占め、その後、対アフリカ6％、対ヨーロッパ4％、対オセアニア1％と続いている。近年、中国の積極的な進出が注目されるアフリカ地域については、2000年の48億ドルから2007年には271億ドルまで増加したものの、2011年に大幅に減少し、2012年には123億ドルとなっている。これは、従来アフリカ地域のFDIフローの約1/3を受領していた北アフリカ地域における政治的混乱（「アラブの春」、2010～2012年）により、同地域に対するFDIインフローが急減したことによる。

---

*13) 出典：OECD. Stat Extracts

図表7　開発途上国に対する対外直接投資(FDI)の推移(地域別)

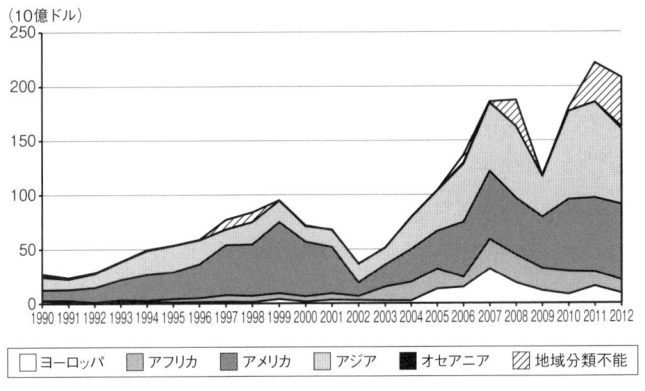

出典：OECD. Stat Extracts
※上記のグラフには国際機関を経由した直接投資は含まない。

(ウ) また、民間金融機関による貸付、株式投資等で構成される「その他二国間証券投資等」の動向は、年によって増加と減少を繰り返している。特に1990年以降においては拡大傾向が続き、1996年には657億ドルを計上したものの、1997年のアジア通貨危機を境に減少に転じ、2002年には▲278億ドルまで減少した。その後、2007年に1234億ドルへと増加したが、2008年のリーマンショックを機に過去最低の▲627億ドルを記録した。その後はまた急激に回復し、2010年には1429億ドルと過去最高を記録した。このように、「その他二国間証券投資等」の動向は、世界経済の景気変動の影響を大きく受け、総じて増減が激しい。地域別の受取額(2012年)は、ヨーロッパ104億ドル(構成比11％)、アフリカ76億ドル(同8％)、アメリカ430億ドル(同47％)、アジア131億ドル(同14％)、オセアニア26億ドル(同3％)、その他(地域分類不能)154億ドル(同17％)と、アメリカが全体の約半分を占めている。

(エ) FDIとともに、開発途上国に対する送金も大幅に増加しており、世界銀行によると、開発途上国に対する個人による国外からの送金額は、2001年の900億ドルから2013年の4040億ドルへと急拡大している[*14]。送金受取額が多い国(2013年)は、インド700億ドル、中国600億ドル、フィリピン250億ドル、メキシコ220億ドル、ナイジェリア210億ドル等である。また、対GDP比の送金受取額の大きい国としては、タジキスタン52％、キルギス31％、ネパール25％、モルドヴァ25％、サモア23％等となっ

---

*14) 出典：世界銀行 "Migration and Remittance Brief" (2014年4月)

ている。

④ 開発途上国の対外債務の動向
（ア）次に、世界銀行の International Debt Statistics に基づき、公的貸付と民間貸付を合わせた開発途上国が負う「対外債務」の動向を概観する（図表8）。まず、公的部門による貸付は、2001年以降、毎年の変動はあるが大幅な変化はない。ただし、2008年の世界金融危機に際しては、民間部門による貸付が縮小する一方、公的部門は世界銀行やIMF等の国際機関による緊急財政支援を中心に貸付量を増やしたため、2009年には2001年以降で最大となる938億ドルを記録した。その後、2010年は801億ドル、

図表8　開発途上国政府の対外債務の推移（ネットベース）

出典：世界銀行 International Debt Statistics

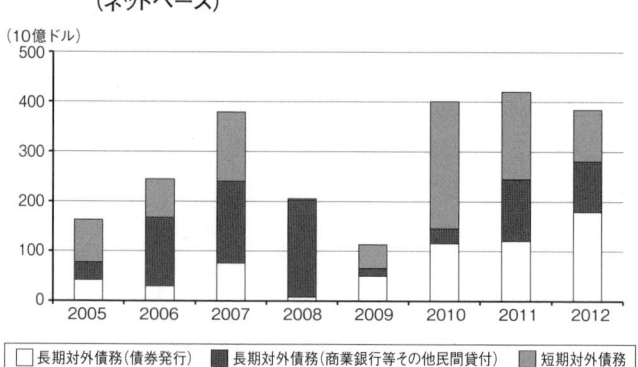

図表9　開発途上国政府の対外債務における民間貸付の推移（ネットベース）

出典：世界銀行 International Debt Statistics

2011年は320億ドル、2012年は279億ドルと減少傾向にある。なお、開発途上国全体の対外債務残高の65％、2012年の対外債務インフローの70％が借入上位10カ国に集中しており、中国を筆頭に、ブラジル、インド、メキシコ等の新興国の借入が多い。

さらに、民間部門による貸付は、2008年の世界金融危機の影響で一時的に落ち込んだものの、2011年には4199億ドルへと大幅に拡大した。その後、2012年は3839億ドル（前年比▲360億ドル）となっている。また、民間部門による貸付の内訳をみると、2005年は債券発行418億ドル（構成比26％）、その他長期民間貸付352億ドル（同22％）、短期債務852億ドル（同52％）であったのに対し、2012年には債券発行1787億ドル（構成比47％）、その他長期民間貸付1018億ドル（同26％）、短期債務1034億ドル（同27％）と各項目とも増加しており、特に債券発行及びその他長期民間貸付の増加が顕著である（図表9）。

なお、2012年は、公的部門の貸付、民間部門の貸付とも前年比減となったが、これは世界最大の対外債務の受取国である中国に対するインフローが前年比▲73％と急減したためである[15]。中国を除いた開発途上国を比較した場合、2012年の対外債務インフロー量は前年比で増加している。

(イ) HIPC 及び MDRI の債務削減イニシアティブのもと、2014年4月現在、39の適格国のうち35カ国が完了時点 Completion Point：CP）に到達し、総額1259億ドルの債務削減を実施済である（CP未到達国はチャド、エリトリア、ソマリア、スーダンの4カ国）。こうした貧困国に対する債務削減及び新興国をはじめとする開発途上国の経済成長を背景に、開発途上国の対外債務指標は改善傾向にある（図表10）[16]。

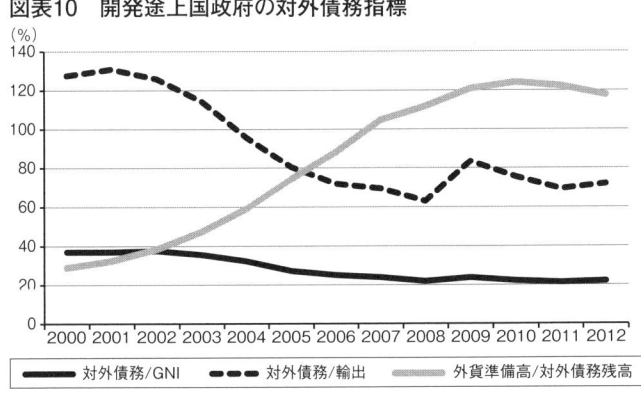

図表10　開発途上国政府の対外債務指標

出典：世界銀行 International Debt Statistics

---

[15] 出典：世界銀行 International Debt Statistics
[16] 出典：世界銀行 International Debt Statistics

図表11

HIPC対象国の対外債務/GNI（%）

国名	2007年	2012年
アフガニスタン	20.4	14.6
ベナン	14.0	27.4
ボリビア	42.9	27.2
ブルキナファソ	21.7	24.0
ブルンジ	105.5	27.0
カメルーン	15.5	14.8
コンゴ民主共和国	133.1	35.8
コンゴ共和国	91.4	26.1
チャド	31.2	18.8
コートジボワール	73.6	41.7
中央アフリカ共和国	59.1	25.8
エリトリア	68.4	32.4
エチオピア	13.5	24.3
ガンビア	90.6	58.7
ガーナ	20.8	32.2
ギニアビサウ	158.9	31.2
ガイアナ	44.5	69.3
ギニア	84.1	17.6
ホンジュラス	25.1	29.9
リベリア	646.0	30.2
ニジェール	26.1	36.3
ニカラグア	56.8	86.7
モザンビーク	40.9	32.9
モーリタニア	51.4	82.3
ルワンダ	16.3	17.5
セネガル	23.0	35.1
サントメ・プリンシペ	110.9	76.4
シエラレオネ	26.8	29.5
タンザニア	30.3	41.4
トーゴ	79.0	22.6
ウガンダ	15.4	22.5
ザンビア	28.6	27.6
スーダン	47.2	40.3
ソマリア		
マダガスカル	31.3	29.9
マラウイ	24.0	31.7
マリ	27.0	31.3
ハイチ	26.8	14.6

出典：世界銀行 International Debt Statistics
※色付部分の国は、2007年比で対外債務指標が悪化した国。アフガニスタン及びルワンダのみ2011年の実績。ソマリアはGNIが公表されていないため除外。

HIPC対象国の対外債務全体に対する譲許的借入の割合（%）

国名	2007年	2012年
アフガニスタン	91	72
ベナン	96	62
ボリビア	25	39
ブルキナファソ	84	87
ブルンジ	89	61
カメルーン	65	70
コンゴ民主共和国	59	50
コンゴ共和国	56	51
チャド	88	88
コートジボワール	47	30
中央アフリカ共和国	78	44
エリトリア	89	88
エチオピア	72	66
ガンビア	93	75
ガーナ	39	47
ギニアビサウ	83	70
ガイアナ	71	57
ギニア	83	65
ホンジュラス	50	55
リベリア	19	41
ニジェール	69	89
ニカラグア	40	26
モザンビーク	74	78
モーリタニア	72	70
ルワンダ	93	82
セネガル	72	73
サントメ・プリンシペ	75	79
シエラレオネ	47	56
タンザニア	55	56
トーゴ	64	52
ウガンダ	83	90
ザンビア	27	40
スーダン	35	40
ソマリア	54	53
マダガスカル	52	66
マラウイ	83	75
マリ	95	88
ハイチ	93	85

出典：世界銀行 International Debt Statistics
※色付部分の国は、2007年比で譲許的借入の割合が減少した国

しかしながら、ポストHIPC対象国は、経済成長に伴うインフラ整備を目的とする借入増、リーマンショックの影響等により、対外債務が再び増加する傾向にあり、債務削減が一通り終了した2007年と2012年を比較すると、複数の国で対外債務指標が悪化している（図表11）。また、同じく複数の国において譲許的借入の割合が減少しており、非パリクラブ債権国からの公的貸付、民間債権者からの貸付、ソブリン債による市場からの資金調達等のシェアが増加していると推定される（図表11）[17]。ポストHIPC対象国を含む開発途上国に対する資金の流れの主役が、貸付から対外直接投資、証券投資等の民間資金に移りつつあるといえるものの、対外直接投資は世界的な資金の流れと直結しており、グローバルな景気変動の影響を受けやすくボラティリティが高い。そのため、ポストHIPC対象国を中心とする低・中所得国は、自国のマクロ経済、世界経済情勢を十分に検討したうえで、効果的・戦略的な資金調達、債務管理を含む財政管理能力を身に着ける必要がある。

図表12　BRICS及びアフリカ諸国のソブリン債発行実績

1. BRICS (単位：百万ドル)

	2000	2001	2002	2003	2004	2005	2006	2007	2008	2009	2010	2011	2012	2013
ブラジル	7,757	2,150		825	3,750	11,404	4,936	2,337		5,225	2,988		3,821	3,250
ロシア	2,122										5,500	3,153	7,000	7,000
中国					1,275					73	450	2,348	3,617	3,757
南アフリカ	276	246			1,000		922	1,000		2,000	2,000	750	1,500	2,000

2. アフリカ諸国
①中進国以上 (単位：百万ドル)

	2000	2001	2002	2003	2004	2005	2006	2007	2008	2009	2010	2011	2012	2013
ガボン							1,000							1,500
チュニジア	138	164			484		253						800	232
ナミビア											500			

②中所得国 (単位：百万ドル)

	2000	2001	2002	2003	2004	2005	2006	2007	2008	2009	2010	2011	2012	2013
南アフリカ（再掲）	276	246			1,000		922	1,000		2,000	2,000	750	1,500	2,000
コンゴ共和国								478						
ガーナ								750						1,000
コートジボアール											2,519			
セネガル												500		
エジプト											1,500			3,700
モロッコ							672				1,383		2,250	

③低所得国 (単位：百万ドル)

	2000	2001	2002	2003	2004	2005	2006	2007	2008	2009	2010	2011	2012	2013
ナイジェリア											334	500		1,000
タンザニア														600
ザンビア													750	
ルワンダ														400

出典：Bloomberg統計

---

[17]　出典：世界銀行 International Debt Statistics
[18]　出典：世界銀行 International Debt Statistics

(ウ) また、前述の通り、国際資本市場からの資金調達として、ソブリン債の発行実績が増加傾向にある。Bloomberg統計に基づき、BRICS及びアフリカ地域を例に、各国のソブリン債発行実績をまとめると以下の通りとなる（図表12）。BRICS諸国は従来から多くのソブリン債の発行実績を有する。また、アフリカ諸国においては、従来からソブリン債の発行実績を有するチュニジア、南アフリカ等に加え、近年では、ナイジェリア、タンザニア、ザンビア、ルワンダ等の低所得国もソブリン債の発行により資金調達を行っている。

(エ) なお、世界銀行の統計に基づき、公的貸付に係る通貨別の構成（2012年）を確認すると、米ドル63％、ユーロ13％、日本円9％、その他通貨15％となっており、ユーロが導入された2001年以降、この構成比に大きな変化はない[18]。

（2）新興国発の資金フロー（中国のケース）

世界銀行が主導する国際比較プログラム[19]では、購買力平価（PPP）ベースの各国のGDP比較を行っている。2011年を対象年とする最新の調査結果によると、世界全体のGDPに対する各国のGDPの構成比（PPPベース）は、米国17％、中国15％、インド6％、日本5％、ドイツ4％等となっており、インドが日本を抜き世界第3位の経済大国となったことが確認された。このように、世界経済における新興国の存在感は極めて大きくなっている。

これまで、OECD及び世界銀行の統計をベースに、先進国からの資金フローを中心に分析してきたが、新興国経済の拡大に伴い、世界全体の資金の流れに占める新興国・途上国からの資金フローが増大している。新興国・途上国は、各国が独自の基準で統計を公表しており、開示内容も限られる等、新興国・途上国からの資金の流れの把握にはさまざまな制約がある。そのため、本項では、新興国の中でも特に存在感の大きい中国発の資金フローを中心に分析することとする。

① 中国の対外公的資金

(ア) 中国政府は、OECD諸国と同様の様式では情報公開しておらず、財政部、商務部、中国輸出入銀行、国家開発銀行等の各省、政府機関が個別かつ限定的に公表しているため、資金の流れの全容を把握するためには、各省、機関の統計を個別に積み上げる必要がある。中国の対外公的資金の主な項目としては、財政部及び中国人民銀行によ

---

[19] 国際比較プログラム（International Comparison Programme：ICP）は、世界銀行の主導による、各国通貨の購買力平価を算定し、各国の国内総生産（GDP）の実質比較を行うことを目的とする国際事業。2014年4月、2011年を対象年とする最新の調査結果が公表された。

る国際機関に対する出資[20]、外貨準備の投資対象としての国際機関との協調融資プログラム[21]、商務部が対外援助として実施する無償援助（含む技術協力）・無利子借款、中国輸出入銀行[22]が行う優遇借款、優遇バイヤーズクレジット、一般輸出信用等、中国輸出入銀行主体で設立された「中国 ASEAN 投資協力基金」によるエクイティ・ファイナンス[23]、国家開発銀行のもとに設置されている「中国・アフリカ開発基金」によるエクイティ・ファイナンス[24]、世界一の保有残高を誇る外貨準備のうち約2000億ドルの運用を担う中国投資有限責任公司（CIC）によるエクイティ・ファイナンス[25]、その他中国商工銀行等が行う中国企業向け外貨建て貸付等が挙げられる。

（イ）中国の対外援助については、DAC 統計に基づく ODA、OOF の分類は不可能であるが、中国政府商務部は「対外援助支出」を公表しており、2012年度の対外援助支出は170.14億元（約27億ドル（2012年末の為替レートで換算））と報告されている。この内訳は開示されていないが、1998年に制定された「対外援助予算資金管理方法」に基づき、中央政府の一般財政より支出される無償資金協力（技術協力を含む）、無利子借

---

[20] 中国政府による各国際機関に対する出資額及び出資割合は以下の通り（2014年5月末現在）。
・IMF：148億ドル（4.0％）
・世界銀行：IBRD129億ドル（4.6％）、IDA 2億ドル（0.1％）
・アジア開発銀行（ADB）：ADB105億ドル（6.4％）、アジア開発基金（ADF）0.6億ドル（0.2％）
・米州開発銀行（IDB）：0.05億ドル（0.003％）
・アフリカ開発銀行（AfDB）：11億ドル（1.1％）、アフリカ開発基金（ADF）7億ドル（1.9％）
[21] 中国政府は、外貨準備の運用によるリターン向上のため国際機関の商業融資等に投資対象を拡大させており、各機関と協調融資プログラムを設置している。
・IDB：中国人民銀行が総額20億ドル（公的セクター向け5億ドル（投資期間6年間）、民間向け15億ドル（同3年間））を上限に拠出し、IDBとの協調融資を行う China Co-financing Fund for Latin America and the Caribbean を設置（2013年5月合意）。
・IFC：IFC と機関投資家の協調融資プログラムである Managed Co-lending Portfolio Program に、第1号投資家として中国政府（国家外準管理局）が向こう6年間で30億ドルを上限に投資予定（2013年9月合意）。
・AfDB：中国人民銀行が向こう10年間で20億ドルを上限に拠出し、AfDB 本体と協調融資を行う Africa Growing Together Fund（AGTF）を設置（2014年5月合意）。
[22] 中国輸出入銀行は、1994年に政府全額出資により設立。総資産2479億ドル、与信残高1881億ドル（出典：2012年度財務報告書、2012年末の為替レートで換算）。
[23] 中国 ASEAN 投資協力基金は、中国輸出入銀行主体の Private Equity Fund（香港で登記）。ASEAN との相互協力のための新プラットフォームとして、2010年3月に運用開始。資金調達総額は100億ドルの予定（出典：同基金ホームページ）。
[24] 中国・アフリカ開発基金は、中国初の対アフリカ・エクイティインベストメントファンドとして2007年6月に設立。中国政府の海外投資戦略に基づき、中国企業の対アフリカ進出を支援。計画資本金額50億ドル（出典：同基金ホームページ）。
[25] 中国投資有限責任公司（CIC）は、世界一の水準に達する中国の外貨準備のうち、2000億ドルの運用を行う。2007年9月設立。2012年末時点で、投資資産の64％を海外で運用し、36％を中国国内で運用している。2012年末の運用資産総額は5752億ドル（出典：2012年度財務報告書）。

款、及び中国輸出入銀行による優遇借款に係る利子補てん費用等が計上されているものと想定される[*26]。他方、優遇借款の元本及び利子は中国輸出入銀行の勘定により管理されるため、対外援助支出には計上されない仕組みとなっている。優遇借款は供与条件、供与実績が開示されておらず、詳細を把握することはできないが、中国の対外援助政策の研究者によると、その返済条件はDAC基準のODAと同等以上に譲許性が高いと予測されている。また、優遇借款のもとで実施される事業の調達条件は、主契約者が中国企業であり、資機材の50％以上を中国企業から調達することが要件とされている模様である。この優遇借款を含めるか否かにより、中国の対外援助の供与量は大きく変わってくる。小林誉明及び下村恭民（2013年）は、優遇借款の実績を推計し、無償資金協力及び無利子借款の実績に優遇借款の実績推計を加算することにより、中国の開発援助実績を試算しており、2009年のディスバース額（グロスベース）を49.5億ドルと見積もっている[*27]。そして、この水準は、2009年における二国間協力の国別順位で世界第7位に相当すると推計している。

また、北野尚宏及び原田幸憲（2014年）は、中国の対外援助額をDAC基準で推計し、先進国のODA額と比較を行っている[*28]。まず、中国の対外援助を、無償援助、無利子借款、優遇借款で構成される二国間援助と、国際開発機関への拠出金等からなる多国間援助の合計と定義し、2001から2013年までの対外援助額の推計を実施。それによると、中国の対外援助額（ネットベース）は2004年から急増し、2013年には約71億ドルに達し、DAC加盟国のODA額と比較した場合（ネットベース）、2012年、2013年は第6位まで順位を上げている。

（ウ）また、中国政府は、アジア地域のインフラ整備を支援する目的で「アジア・インフラ投資銀行（AIIB）」の設立準備を進めている。中国政府財政部ホームページによると、AIIBはアジアのインフラ分野等への投資を推進し、アジア地域の経済発展と地域経済協力を促進することを基本的な目的とする多国間開発機関であり、本年秋にAIIBの枠組みに関する政府間覚書の締結を目指し、中国政府と一部のアジア諸国の間で協議中とのことである。当初の資本金規模は500億ドル（実際の払込資本比率

[*26] 「対外援助予算資金管理方法」（1998年）では、対外援助支出に該当する資金として、①被援助国に供与するプラント、一般物資、軍事物資、現金、②被援助国から受け入れる研修生の訓練費用、被援助国へ派遣する専門（経済、軍事、医療、科学技術、スポーツ等）技術者及び管理者の資金、③優遇借款の利子補てん費用、④対外援助合弁事業における中国側企業部分の特定項目資金、⑤援助事業を委託された企業が支払った管理費と代行費、等の項目を定めている。

[*27] 出典：下村恭民、大橋英夫編"A Study of China's Foreign Aid: An Asian Perspective"（2013年）

[*28] 出典：北野尚宏、原田幸憲"Estimating China's Foreign Aid 2001−2013"（JICA研究所ワーキングペーパー）

は20％）を予定し、各国の出資比率は今後、創始メンバー国との協議を踏まえ決定予定であり、世界銀行、アジア開発銀行等の既存の開発金融機関との違いについては、世界銀行やアジア開発銀行は貧困削減に力を入れているのに対し、AIIBはインフラ整備に重点を置いており、それぞれ重点業務が異なっているので、AIIBと既存の開発金融機関との関係は補完関係であり、競争関係にはならないとの説明を行っている。

② **中国からの対外直接投資**

中国発の民間資金フローについて、UNCTAD World Investment Report（2013年）に基づき対外直接投資（FDI）の動向を概観すると、2012年における中国から他国に対するFDIは842億ドルに達している。これは世界第6位の水準となり、資金の出し手としての存在感も極めて大きくなっている。また、中国政府商務部の「2012年中国対外直接投資統計公報」によると、中国からのFDIの国・地域別の構成は、アジア68％、南米13％、欧州7％、北米5％、アフリカ4％、オセアニア3％となっており、中でも香港に対するFDIが512億ドルと、中国のFDI全体の58％を占め突出している。しかしながら、香港に対するFDIが多い要因は、中国企業が税制の優遇措置を受けることのできる香港に特別目的会社を設立し、外資系企業の形態により中国国内または第三国に対する投資活動を行っていることによるとみられ、商務部の統計に基づく分析にはこの点を考慮する必要がある。

そこで、中国発のFDIについて、商務部の統計に代わり、米シンクタンクのAmerican Enterprise Institute 及び The Heritage Foundation が運営する「The China Global Investment Trackers」というデータベースに基づき分析する[29]。同データベースは、中国企業による総額1億ドル以上の対外直接投資案件（※証券投資を除く）を集計している。これによると、中国からの暦年別のFDI総額（グロスベース）は2010年680億ドル、2011年743億ドル、2012年774億ドル、2013年845億ドルと推移している（図表13）。先進国と新興・途上国向けのFDIの比率（2013年）は先進国が37％、新興・途上国が63％であった。また、新興・途上国向けのFDIにおける地域別構成比（2013年）はアフリカ42％、アジア25％、中南米23％、欧州10％となっている（図表14）。年によって変動はあるものの、アフリカに対するFDIの比重が大きくなっている。さらに、同じく新興・途上国向けのFDIの業種別内訳は、エネルギー57％、鉱業25％、農業7％、不動産5％、運輸4％、科学技術0.2％、その他0.5％等となっている（図表15）。年による変動はあるが、最も構成比の大

---

[29] 出典："The China Global Investment Trackers"（American Enterprise Institute, The Heritage Foundation）：以下リンクを参照。http://www.heritage.org/research/projects/china-global-investment-tracker-interactive-map

きいセクターはエネルギー、鉱業セクターであり、中国の石油をはじめとする天然資源獲得戦略を踏まえ投資先が選定されていることが分かる。他方、2005年時点と比べると、農業や不動産、運輸等の資源以外のセクターに対する投資も行われるようになっており、投資対象の多様化が進んでいることが分かる。

③ BRICSからの対外直接投資

最後に、UNCTADの統計[30]に基づき、中国を含むBRICS（ブラジル、ロシア、インド、中国、南アフリカ）5カ国からのFDIの動向を簡潔に紹介する。2012年におけるBRICSから世界全体へのFDI（グロスベース）は1.13兆ドル、うち先進国向けが4700億ドル（構成比42%）、開発途上国向けが5570億ドル（同49%）、体制移行国向けが310億ドル（同3%）等であった。開発途上国に対するFDIの地域別内訳は、アジア3317億ドル、中南米・カリブ1754億ドル、アフリカ491億ドルとなっており、アジアが大半を占める。アフリカ地域は、BRICSからのFDI全体の4%（491億ドル）を受け取っているに過ぎないが、アフリカ地域が世界から受け取るFDIにおけるBRICSのシェアは14%であり、また、フローベース（2012年）では25%のシェアを占めている等、BRICSはアフリカにおいて大きな存在感を有している。また、BRICSからアフリカ地域に対するFDIの業種としては、製造業またはサービス業が多い。中国に関しては、2011年末時点でアフリカ地域に対し160億ドルのFDI残高を有し、南アフリカ、スーダン、ナイジェリア、ザンビア、アルジェリア等が主要な投資先国である。従来、石油、天然資源の獲得を目的とする事業が多か

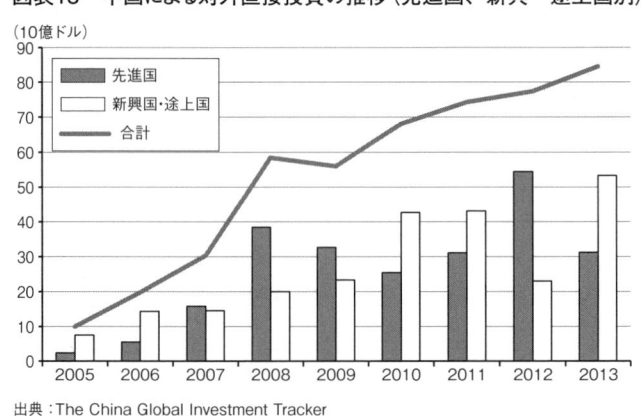

図表13 中国による対外直接投資の推移（先進国、新興・途上国別）

出典：The China Global Investment Tracker

---

[30] 出典：UNCTAD "World Investment Report 2013"（2013年）

図表14　中国による新興・途上国向け対外直接投資の地域別内訳

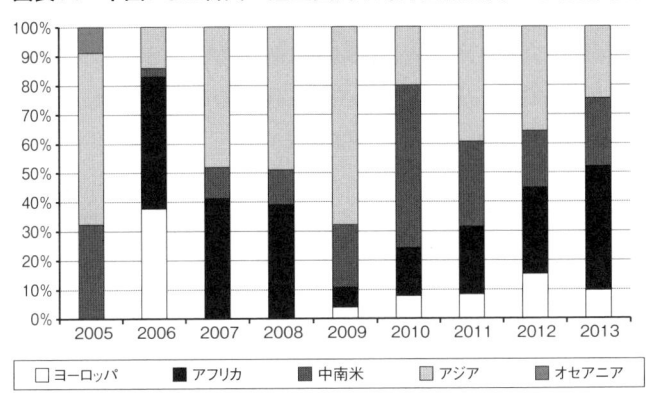

凡例：□ヨーロッパ　■アフリカ　■中南米　□アジア　■オセアニア

出典：The China Global Investment Tracker

図表15　中国による新興・途上国向け対外直接投資の業種別内訳

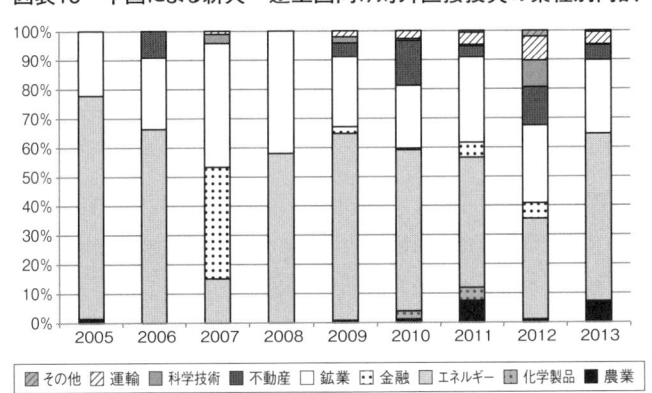

凡例：その他　運輸　科学技術　不動産　鉱業　金融　エネルギー　化学製品　農業

出典：The China Global Investment Tracker

ったが、近年は製造業の拠点としての投資が行われるケースも目立っている。

（3）ポストHIPCイニシアティブ対象国の資金インフローの変容（ガーナのケース）

　上記（1）の通り、開発途上国に対する資金の流れについて、民間資金のシェアが公的資金に比べ大幅に拡大し、また、HIPCやMDRI等の債務削減イニシアティブの影響等により、開発途上国の対外債務指標は大幅に改善された。本項では、HIPCイニシアティブにより債務削減を受けたガーナを事例に、債務削減後の資金インフローの変容を概観する。

① ガーナの対外公的債務の動向

（ア）ガーナでは、2001～2009年のクフォー政権の下、財政金融政策の引き締めを行い、インフレ率の低下、為替の安定、外貨準備の改善といったマクロ経済安定化で進展をみせ、堅調な経済成長を続けた。2010年には原油の商業生産を開始し、2011年にはアフリカ最大の経済成長率（15％）を達成している。ガーナは、対外債務がマクロ経済の大きな課題であったが、クフォー政権は前政権の方針を撤回し、2001年3月に拡大HIPCイニシアティブの適用を申請し、同年7月にIMF・世界銀行よりその適用が承認された。その後、2002年2月に決定時点（Decision Point）に、2004年7月には完了時点（Completion Point）に到達し、債務削減の原則承認を得た[31]。この結果、日本を含む二国間ドナーや国際機関から約74億ドルの債務削減を受け[32]、ガーナの対外公的債務の総額は、2005年の64億ドルから2006年の22億ドルへと大幅に減少した[33]。しかし、2007年以降は、インフラ整備を目的とする借入増から対外公的債務が再び急拡大しており、2012年末の対外公的債務残高は92億ドルと債務削減前を超える水準にまで増大している（但し、GDP比では微増にとどまる）。

ガーナの対外公的債務の内訳をみると、まず、国際機関向けの債務については、HIPC及びMDRIによる債務削減を受け2005年の56億ドルから2006年の13億ドルへ大幅に減少した。しかし、2007年以降は増加傾向に反転し、2012年末で43億ドルとなっている（図表16）。

また、二国間公的債務のうちパリクラブ向け債務については、2002年の決定時点への到達以降、主要債権国は順次債権放棄の手続を進め、2003年の21億ドルから2005年には5億ドルまで圧縮された。その後、2006年に増加傾向に反転し、2011年末には18億ドルとなったが、2012年末時点には9億ドルへと減少している。

他方、非パリクラブ向け債務及び民間向け債務に関しては、2000年時点で非パリクラブ向け債務1億ドル、民間向け債務4億ドルであった。その後、2008年の世界金融危機等のグローバルな景気変動の影響を受け増減しているものの、2012年末時点で非

---

[31] 拡大HIPCイニシアティブは2つの段階に分けて実施される。まず、債務国におけるIMF・世界銀行の構造調整プログラムの実施状況や貧困削減・社会開発への取組がモニターされ、債務国が一定の目標を達したと認められた時点で、拡大HIPCイニシアティブの適用の必要性につき個々の状況に応じて判断される（決定時点）。その後さらに一定期間、モニターが続けられ、条件を満たしたと判断された時点で、初めて包括的な債務削減が実施される（完了時点）。

[32] 出典：IMF "Heavily Indebted Poor Countries (HIPC) Initiative And Multilateral Debt Relief Initiative (MDRI) – Statistical Update"（2013年4月）

[33] 出典：ガーナ財務省 "Public Debt Stock Time Series (2000 – Sep 2010)"、ガーナ中央銀行 "Statistical Bulletin 2010～2012" 及び世界銀行 World Development Indicators

パリクラブ向け債務22億ドル、民間向け債務17億ドルへと大幅に増加している。

この結果、長期対外公的債務の構成比は、2002年末時点の国際機関向け66％、二国間・パリクラブ向け29％、二国間・非パリクラブ向け2％、民間向け3％という割合であったが、HIPC及びMDRIの債務削減イニシアティブにより伝統ドナーのエクスポージャーが減少したため、2012年末時点においては国際機関向け47％、二国間・パリクラブ向け10％、二国間・非パリクラブ向け24％、民間向け19％へと変容し、非パリクラブ向け及び民間向け債務のシェアが拡大している。

（イ）民間向け債務（2012年）のうち、750百万ルはガーナ政府が2007年に発行したソブリン債（ユーロ債）であり、過去に債務削減を受けた国であっても、石油等の天然資源の開発が期待できる場合には、投資家にとって有力な投資候補と認識されていることが分かる。ガーナ政府によるソブリン債の発行実績は図表17の通りであり、2007年に750百万ドルを資本市場から調達したことに加え、2013年にも1000百万ドルのユーロ債を発行している[*34]。

② **ガーナの資金インフローの動向**

また、対外公的債務を含むガーナに対する資金インフローの全容を見ると、対外直接投資（FDI）が急激に拡大していることが分かる（図表18）。この期間において、ガーナは石油部門に対する投資を中心にFDIが伸長したため、リーマンショックの影響による落ち込みは見られない。しかし、一般にFDIは世界的な資金の流れと直結しており、グローバ

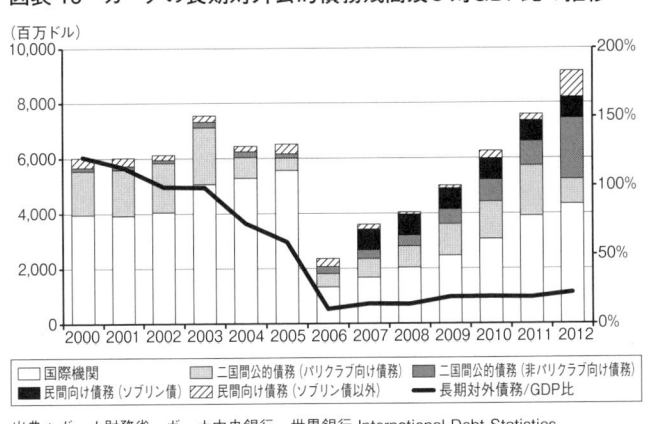

図表16　ガーナの長期対外公的債務残高及び対GDP比の推移

出典：ガーナ財務省、ガーナ中央銀行、世界銀行 International Debt Statistics

[*34]　出典：Bloomberg 統計

図表17　ガーナ ソブリン債の発行実績

発行体名	発行年	発行日	発行額	取引通貨	金利	償還期間	残高(2014年4月末)
ガーナ共和国	2007年	2007/10/04	750百万ドル	米ドル	8.5%	10年	531百万ドル
ガーナ共和国	2013年	2013/08/07	1000百万ドル	米ドル	7.875%	10年	1000百万ドル

出典：Bloomberg 統計

図表18　ガーナの資金インフローの推移

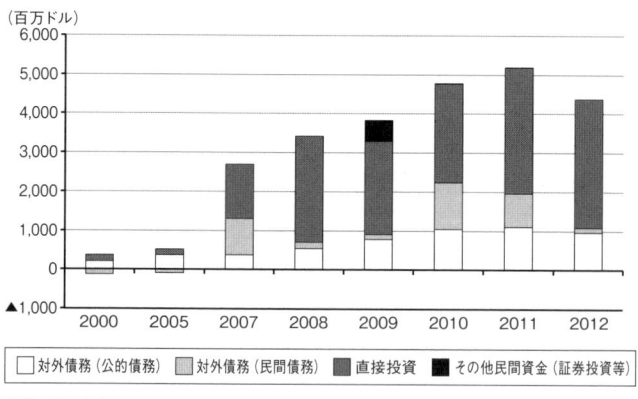

(百万ドル)

□対外債務（公的債務）　■対外債務（民間債務）　■直接投資　■その他民間資金（証券投資等）

出典：世界銀行 International Debt Statistics

ルな景気変動の影響を受けやすいため、ガーナ政府は、自国のマクロ経済及び債務持続性、世界経済の情勢を十分に精査し、効果的・戦略的な資金調達、適切な債務管理を行う必要がある。

（4）外貨準備の推移及び外国為替取引の変容

（ア）各国の外貨準備の推移について、補論として概観する。外貨準備は資金の流れのバックストップであり、民間投資のみならず、公的支援もその状況を注視しながら行われるし、他方、為替介入等を介して、資金の流れの結果とともに、将来の資金ニーズを睨んで積み上げられるものでもあるからである。

　金融資本市場の発展や資本取引の増大によるグローバルな資金フローの増大やそれに伴うマクロ経済のボラティリティの増大や金融危機に陥るリスクの増大、さらに、世界の国際収支の不均衡等の要因により、世界の外貨準備の規模は増加の一途をたどっている。IMFの統計によると、1999年末に全世界の外貨準備高は1.8兆ドルで

あったが、2013年末には6.6倍の11.7兆ドルに跳ね上がった[*35]。特に、開発途上国（新興国及び資源輸出国）の外貨準備高の増加が顕著であり、1999年末には0.7兆ドルで世界シェアは37％に過ぎなかったが、2013年末には11.3倍増の7.9兆ドルとなり、同67％に大きく上昇した。これに対し、同期間の先進国の外貨準備高の増加は3.4倍に留まった。

開発途上国の中でも、特に中国の外貨準備の増加が著しい。1999年末の中国の外貨準備高は1600億ドルで、世界シェアは9％であったが、2012年末には21倍増の3.4兆ドルと、世界シェアは31％に急拡大した。中国経済は1994年以降、双子の黒字を計上しており、2006年2月に日本を抜き、世界最大の外貨準備保有国となっている（図表19、20参照）。

また、IMFの統計による通貨別の構成が判明している世界の外貨準備の内訳を見ると、2013年末で総額6.2兆ドルのうち、米ドルが3.8兆ドル（構成比61％）、ユーロが1.5兆ドル日本円が0.24兆ドル（同4％）、その他が0.4兆ドル（同7％）となっている[*36]（図表21）。米ドルの長期低落傾向、各国中央銀行の外貨運用先の多様化等の影響を踏まえ、2002年以降米ドルの比率は低下傾向にあり、2001年末の71％から2013年末には61％まで低下している。

関根栄一（2009年）は、今後の外貨準備における通貨構成比率の動向は、最大の外貨準備保有国である中国政府の運用方針の影響を免れないと指摘している[*37]。但し、中国の国家外為管理局は、外貨準備の通貨別構成を公表しておらず、また、外貨準備の運用方針に関する当局の見解も示されているわけではない。一方で、中国人民銀行は2008年12月以降、世界各国・地域の中央銀行と人民元建ての通貨スワップを締結しており、今後、各国が外貨準備の一部を人民元建てで運用するようになれば、将来的に世界の外貨準備の通貨構成に影響を与えてくることも予想される。

（イ）また、新興国による貿易、直接投資の拡大等の効果により、新興国通貨の為替取引も大きく増加している[*38]。国際決済銀行（BIS）の外国為替取引通貨別シェアをみると、中国人民元のシェアは2010年4月の0.9％から2013年4月には2.2％に上昇した。メキシコペソ、ロシアルーブル、トルコリラ、韓国ウォン等のその他の新興国通貨も存在感を増している（図表22）。

[*35] 出典：IMF Currency composition of Official Foreign Exchange Reserves（COFER）
[*36] 出典：IMF Currency composition of Official Foreign Exchange Reserves（COFER）
[*37] 出典：関根栄一「中国：外貨準備とCICの運用の多様化に向けた動き」（野村資本市場研究所 資本市場クォータリー2009年秋）
[*38] 出典：国際決済銀行（BIS）"Foreign Exchange Turnover in April 2013"（2013年9月）

図表 19　世界及び BRICS の外貨準備高の推移

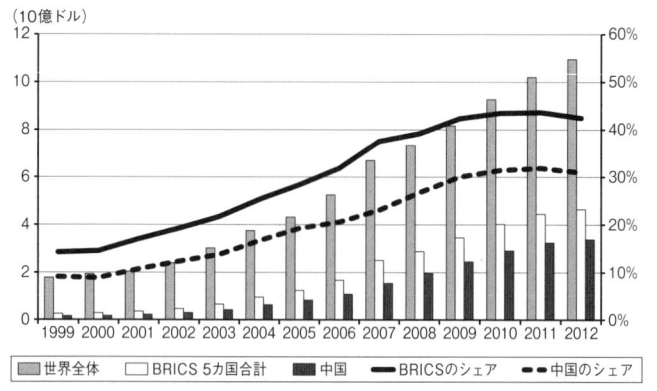

出典：IMF Currency Composition of Official Foreign Exchange Reserves（COFER）

図表20　国別外貨準備高ランキング

(単位：百万ドル)

	1992年		2002年		2012年	
1	アメリカ	147,526	日本	469,618	中国	3,387,513
2	ドイツ	122,686	中国	297,739	日本	1,268,086
3	日本	79,697	アメリカ	157,763	サウジアラビア	673,740
4	スイス	61,007	韓国	121,498	アメリカ	574,268
5	フランス	54,306	香港	111,919	ロシア	537,816
6	スペイン	50,709	ドイツ	89,143	スイス	531,302
7	イタリア	49,862	シンガポール	83,413	ブラジル	373,161
8	イギリス	42,844	インド	71,608	韓国	327,724
9	シンガポール	39,941	フランス	61,697	香港	317,362
10	オランダ	36,581	スイス	61,276	インド	300,426
11	香港	35,250	イタリア	55,622	シンガポール	265,910
12	中国	24,853	メキシコ	50,671	ドイツ	248,856
13	スウェーデン	24,647	ロシア	48,326	アルジェリア	200,587
14	ポルトガル	24,481	イギリス	41,009	フランス	184,522
15	ブラジル	23,265	スペイン	40,303	イタリア	181,670
16	ベルギー	22,147	タイ	38,903	タイ	181,481
17	タイ	21,183	ブラジル	37,832	メキシコ	167,076
18	メキシコ	19,171	カナダ	37,189	マレーシア	139,731
19	オーストリア	19,026	マレーシア	33,762	リビア	124,648
20	マレーシア	18,024	ノルウェー	32,405	トルコ	119,183

出典：IMF Currency Composition of Official Foreign Exchange Reserves（COFER）

図表21　世界の外貨準備高の通貨別構成推移

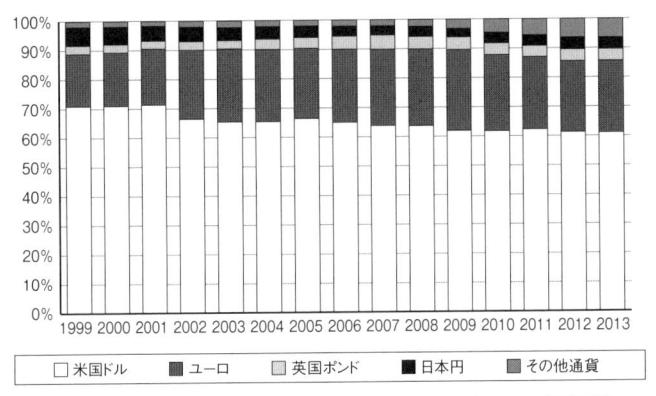

□米国ドル　■ユーロ　□英国ポンド　■日本円　■その他通貨

出典：IMF Currency Composition of Official Foreign Exchange Reserves (COFER)

図表22　外国為替取引の通貨別シェア

(単位：%)

通貨	1998	2001	2004	2007	2010	2013
米ドル	86.8	89.9	88.0	85.6	84.9	87.0
ユーロ	-	37.9	37.4	37.0	39.1	33.4
日本円	21.7	23.5	20.8	17.2	19.0	23.0
ポンド	11.0	13.0	16.5	14.9	12.9	11.8
豪ドル	3.0	4.3	6.0	6.6	7.6	8.6
スイスフラン	7.1	6.0	6.0	6.8	6.3	5.2
カナダドル	3.5	4.5	4.2	4.3	5.3	4.6
メキシコペソ	0.5	0.8	1.1	1.3	1.3	2.5
人民元	0.0	0.0	0.1	0.5	0.9	2.2
ニュージーランドドル	0.2	0.6	1.1	1.9	1.6	2.0
スウェーデンクローネ	0.3	2.5	2.2	2.7	2.2	1.8
ロシアルーブル	0.3	0.3	0.6	0.7	0.9	1.6
香港ドル	1.0	2.2	1.8	2.7	2.4	1.4
ノルウェークローネ	0.2	1.5	1.4	2.1	1.3	1.4
シンガポールドル	1.1	1.1	0.9	1.2	1.4	1.4
トルコリラ	-	0.0	0.1	0.2	0.7	1.3
韓国ウォン	0.2	0.8	1.1	1.2	1.5	1.2
その他を含む合計	200.0	200.0	200.0	200.0	200.0	200.0

(注1) 色付箇所は、新興国の通貨。
(注2) 外国為替取引は直物、先物、為替スワップの合計。2010年は通貨スワップと通貨オプションを含む。
(注3) 1取引は2通貨の交換なので、合計は200％となる。
(注4) 3年毎の調査であり、データは4月月間。
出典：国際決済銀行（BIS）"Foreign Exchange Turnover in April 2013"（2013年9月）

（5）我が国から快活途上国に対する資金の流れ

① 我が国発の資金フローの概要

我が国の開発途上国に対する資金フロー（2012年、国際機関経由を含む）は、総額505億ドルであった。内訳は、ODAが106億ドル（構成比21％）、OOFが62億ドル（同12％）、民間資金が337億ドル（同67％）であり、我が国においても民間資金が圧倒的に大きいシェアを占める（図表23）。また、民間資金の内訳は、対外直接投資（FDI）が312億ドルで最大を占めている。

② 公的資金の動向

ODA実績については、2013年の速報値が既に外務省より公表されており、これによると、我が国の支出純額実績は、ドルベースで前年比11％増の118億ドルで、DAC加盟国の中で、米、英、独に次ぐ第4位（前年第5位）となった[39]。対前年比支出純額が増加した主な要因は、債務救済の実績（対ミャンマー等）が増加したことや、円借款の貸付実行額が増加したことによる。

ODA支出総額（グロスベース）の地域別内訳をみると、依然としてアジアの割合が最も大きいものの、シェアは長期的に低下傾向（1970年97％、1980年74％、1990年66％、2000年63％で、近年は60％前後）にある（図表24）。また、分野別では、経済インフラに対する援助額が最大であるが、ミレニアム開発目標（MDGs）の設定（2000年）以降、社会関連インフラへの援助額も拡大傾向にある。

特に2000年以降の傾向として、我が国の有償資金協力の重要な供与先であったアジア諸国が経済成長によって円借款供与対象国から卒業ないしは、卒業間近となっていることや、サブ・サハラアフリカ等の最貧国における重債務問題と債務削減イニシアティブを経て支援再開の動きがあること等を指摘する分析もある[40]。

また、所得階層別のODA供与額（ネットベース）としては、LDCへの供与割合が2000年の25％から2010年は51％に拡大している。他方、中進国以上への供与割合は、24％から▲2％に減少している[41]。OOF実績については、我が国の支出額（ネットベース）は62億ドルであった。内訳は、国際協力銀行（JBIC）による投資金融等が大半を占める。

③ 民間資金の動向

（ア）開発途上国に対する民間資金（2012年）は、対外直接投資（FDI）312億ドル、輸

---

[39] 支出総額（グロスベース）実績は、ドルベースで前年比22％増の227億ドルと、米に次ぐ第2位となっている。

[40] 出典：秋山孝允・大村玲子編著「開発援助動向シリーズ6 開発への新しい資金の流れ」（FASID、2010年）

[41] 出典：OECD "Development Co-operation Report 2013"（2013年）

出信用▲40億ドル、その他証券投資等65億ドルの合計337億ドルとなっている。アジア通貨危機（1997年）までは証券投資及び貸付を中心に増加傾向にあったが、通貨危機後に急減した。中でも、1999年（▲2億ドル）、2003年（▲11億ドル）と民間資金フローはマイナスを計上し、その前後においては、資金フロー全体に占めるODAの果たす役割が拡大した。しかし、2004年以降は、対外直接投資（FDI）を中心に民間資金が再び拡大している[*42]。

（イ）民間資金のうち、特にFDIの動向について、国際収支統計によると、2013年の日本のFDIは、前年比37％増の13.25兆円（確報値）と2008年（13.23兆円）をやや上回り、5年ぶりに過去最高を更新した。日本のFDIは、世界金融危機の影響で、2008年をピークに大きく落ち込んでいたが、2013年はその落ち込み分を取り戻すこととなった。地域別では、2013年は北米（構成比35％）、アジア（同30％）、欧州（同24％）の順で大きく、それぞれ前年を上回った。上位5カ国は、米国（構成比32％）、英国（同10％）、タイ（同8％）、中国（同7％）、オランダ（同6％）の順で、タイが前年比大きく増加し、中国を上回った。

業種別では、2008年以降、非製造業が過半数を占める中で、2013年の製造業のシェアは31％まで低下した（2005年以降で最低水準）。2013年の非製造業は、通信業や金融業で大型買収案件等があったため、大きく伸びた。近年、本邦企業によるクロスボーダーM&Aの件数は増加傾向にあり、グローバルな競争の激化、新興国経済の成長、人口減少等により国内市場の縮小が見込まれる中、成長の機会を海外（特にアジア等の新興国）へと求める動きが強まっている。M&A件数の増加とともに、1件あたりの取引額の増加、製造業以外の業種への拡がり等の特徴がみられ、事業規模・シェア、販路のスピーディーな拡大、技術の獲得等を目指し積極的な拡大が図られている[*43]。

[*42] グロスベースによる民間資金の推移としては、2003年以降、開発途上国に対する資金フロー全体に占める民間資金の割合が増加している。2003年の410億ドルから、2011年には870億ドルへと増加し過去最高を記録した。特に、対外直接投資（FDI）の伸びが顕著であり、3倍以上に拡大している（129億ドル（2003年）
　→411億ドル（2011年））。他方、ODA及びOOFには、この間に大きな変化はなく、民間資金の増加が開発途上国に対する資金フロー全体の増加を牽引する形となっている。

[*43] 近年の本邦企業による代表的なM&A案件例：
　第一三共・（印）ランバクシー買収（2008年、0.5兆円）
　テルモ・（米）カリディアンBCT買収（2011年、0.2兆円）
　武田薬品・（スイス）ナイコメッド買収（2011年、1.1兆円）
　旭化成・（米）ゾールメディカル買収（2012年、0.2兆円）
　LIXIL・（独）GROHE社買収（2013年、0.4兆円）
　ソフトバンク・（米）スプリント社買収（2013年、1.8兆円）
　三菱東京UFJ銀行・（タイ）アユタヤ銀行買収（2013年、0.7兆円）
　サントリーHD・（米）BEAMS社買収（2014年、1.7兆円）

図表23　日本から開発途上国全体に対する資金の流れ（ネットベース）

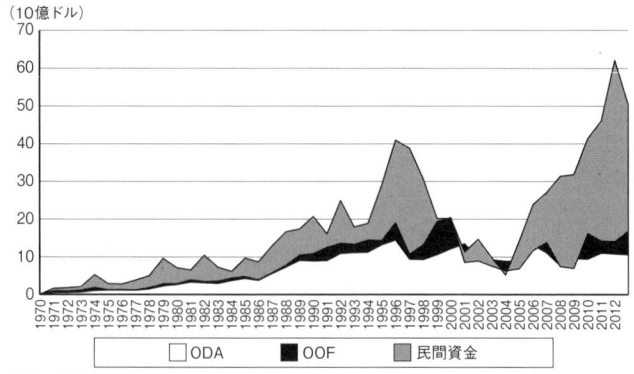

(10億ドル)

凡例：□ODA　■OOF　▨民間資金

出典：OECD. Stat Extracts

図表24　日本から開発途上国に対するODA実績の推移（地域別）

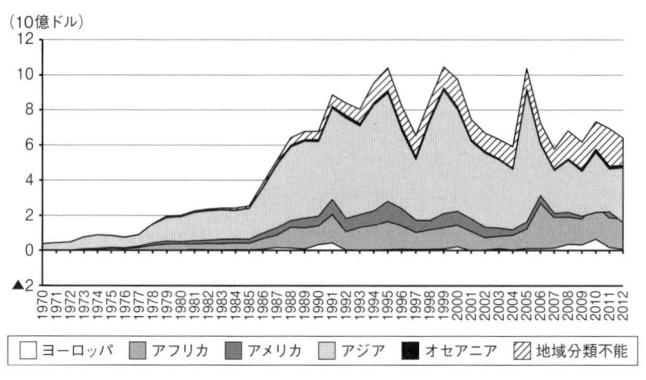

(10億ドル)

凡例：□ヨーロッパ　▨アフリカ　▨アメリカ　▨アジア　■オセアニア　▨地域分類不能

出典：OECD. Stat Extracts
※上記グラフには、国際機関等向け拠出は含まれない。

（参考） FDIが輸出入に及ぼす影響について、海外への生産移転は輸出の減収による貿易収支の悪化懸念から否定的に捉えられる一方、サプライチェーン全体の生産を引き上げて輸出を増加させる効果（輸出誘発効果）等もあり、貿易収支へのマイナス要因とは必ずしも言えない。また、海外からの所得や特許使用料等の受取り等により、FDIは経常収支のプラス要因にもなると考えられる。

3．背景分析

(1) グローバルな資金の流れが公的資金から民間資金へと大幅にシフトしており、また、開発途上国による対外ファイナンスの手段が従来の国際機関やパリクラブ債権者による公的貸付に加え、新興国や民間債権者による貸付、ソブリン債の発行等、資金調達手段の多様化が進んでいることが確認された。この要因としてはさまざまなものが考えられ、ITを中心とした技術革新とその普及、それが齎すグローバリゼーションが大きな背景にあるが、新興国の経済成長、各国の資本規制の緩和に伴う金融市場の自由化の進展等の要因も想定される。蓋し、闇社会の非合法取引を別にすれば、最低限の金融インフラが存在しなければ民間資金の大規模な流入は不可能である。

　IMF（2010年）によると、金融市場の自由化は、1980年代の高所得国を皮切りに次第に進捗し（高所得国：1980年代〜、新興国：1990年代前半〜、低所得国：1990年代中盤〜）、高所得国から低所得国に対する資金の流れが促進された。特に、民間部門の対外直接投資（FDI）と株式の証券投資の拡大は、市場の自由化と強い正の相関関係が確認されている[44]。

　また、IMF（2011年）によると、資金フローの増大に伴い、その構成にも変化が生じており、新興国においては、1990年代後半まではFDIが全体の約4割を占めていたが、2000年代後半にはその他フロー（主に商業銀行による貸付）の割合が増加、さらにその後は、証券投資（Portfolio Inflow）へと比重が移っている[45]。

(2) 開発途上国に対するFDIや民間貸付が拡大した背景としては、前述したように、新興国の経済成長、金融資本市場の整備・規制緩和、企業活動・金融市場のグローバリゼーション、先進国の金融緩和政策、金融技術の深化（より投資しやすい金融商品の開発）、グローバルな消費財の価格の上昇・需要拡大等の要因が考えられる。また、投資家の世界経済観が大きく変化し、より高いリターンを求め、先進国（または新興国）の伝統的な市場から、より所得レベルの低い国に投資先がシフトしていることも要因と考えられる。

　実際に、世界の海外展開に積極的な経営者や投資家にヒアリングをすると、皆、完全に

---

*44) 出典：IMF "International Capital Flows and Development: Financial Openness Matters"（2010年）
*45) 出典：IMF "Recent Experiences in Managing Capital Inflows ? Cross-Cutting Themes and Possible Policy Framework"（2011年）

グローバルな、地球儀を上から眺めるような鳥瞰のもと、将来の人口動態と、政治発展といったリスクを掛け合わせ、分析を行っている。それによると、当面は南アジアが有望市場であるが、近く、その人口増と都市化が一巡して人口オーナスも消滅することを見越し、将来的には人口急増が確定し、政治的に比較的安定したアフリカ諸国が最大の有望市場であると考えている識者が多い。こうした分析の背景には、もちろん足元の資源確保の動機もあるが、やはり、10年単位で考えた成長市場への先行投資を考えているものと思われる。これが、前述の開発途上国側の援助よりも投資を望む嗜好変化と相俟って、資金の流れの構成を大きく変えているといえよう。また、こういった大きな流れに本邦企業が対応していく上で、横並び体質でリスクアバースな姿勢で対応すると出遅れてしまうこともよく指摘されるところである。

（3） また、返済可能性の低いところに民間資金は流れないことを踏まえると、2000年以降、HIPC対象国を含む開発途上国の対外債務指標が大幅に改善していることもグローバルな資金の流れのシフトの大きな要因の一つであろう。世界銀行は、開発途上国の対外債務指標が改善した要因として、HIPCやMDRIによる債務削減効果、急速な経済成長、輸出額の増加、グローバルな基礎的消費財の価格上昇、対外ファイナンスの手段がローンからエクイティに変化していること等を挙げている[46]。援助国の貴重な血税によって実現した債務削減が大きな効果を齎したことは間違いない。しかしながら、前述の通り、ポストHIPC対象国では国際機関やパリクラブ債権者向けの対外債務が減少しパリクラブの影響力が低下する一方で、中国をはじめとする非パリクラブ向け、民間向け、ソブリン債等の対外債務の割合が増加傾向にあり、新規借入による新たな債務累積、民間債権者のフリーライディング等の懸念が増大している。

（4） 公的金融の役割の変化は、地球環境保全に関する資金の流れにおいても見られる。ここでも民間資金は大きな役割を果たしており、特にその傾向は気候変動対策の分野において顕著である。現時点では、いわゆる「気候資金（Climate Finance）」の定義もこれらの資金をトラッキングするシステムも存在しないが、民間シンクタンクの推計[47]によれば、2012年の世界全体の気候資金の規模は3560億ドル〜3630億ドルとなっている。このうち、公的資金は1320億ドル〜1390億ドル（政府：3％、公的仲介機関（開発銀行等）：

---

[46] 出典：世界銀行 "International Debt Statistics 2013"（2013年）
[47] 出典：Climate Policy Initiative "The Global Landscape of Climate Finance 2013"（2013年）

34％)、民間資金は2240億ドル（民間仲介機関（商業銀行等）：6％、企業等：56％）とされており、気候資金に占める民間資金の割合は全体の6割超となっている。

　他方、国際エネルギー機関（International Energy Agency：IEA）等の推計[*48]によれば、2030年までに緩和（mitigation）、適応（adaptation）の各分野において、それぞれ年間6550億ドル〜1兆760億ドル、40億ドル〜1710億ドルの資金が必要とされている。気候資金のニーズの増加に伴い、従来は必要となる資金を公的資金により手当てしている部分が多かったのに対し、現在では、成功すれば大きなリターンが見込めるが初期投資のリスクが高いプロジェクトやプログラムにおいて、リスクの高い初期投資に公的資金を活用することによって民間投資を呼び込むといったように、公的資金の「触媒」としての役割が期待されるようになっている。

（5）我が国の資金フローについて、戦後、日本の対外経済構造は輸出による外貨獲得とその外貨による資源・材料の輸入という構造（貿易立国）から、海外に直接進出し事業に投資する構造へ、さらに、海外企業を買収して技術の獲得や販路の拡大を図る構造（投資立国）へと転換した。こうした変遷のもと、日本から開発途上国への資金の流れは、戦後はODAに加え日本の輸出振興のためのバイヤーズクレジット等のOOFが中心だったものが、現在では民間企業の海外展開に伴う投資等の民間資金が太宗を占めており、ODA・OOFの割合は30％未満まで低下している。さらに、民間資金の多様化・複雑化に伴い、工場建設等の単純な進出形態から、買収SPCを通じたM&A、インフラや資源獲得のためのプロジェクトファイナンス、さらに金融手法についても、出資と融資という二分法から、優先出資や劣後ローンといった出融資の中間的性質を有するいわゆるメザニンの活用も増加している。このように、現在の海外への資金の流れの特徴は、①民間資金が中心となっていること、②進出形態や金融手法が多様化・複雑化していること、であり、こうした状況のもとで、公的金融が果たすべき役割がこれまでのような「途上国への資金供与の主体あるいは民間の活動の量的な補完」から、「多様化・複雑化する民間の活動を質的に補完することにより民間資金を動員するための呼び水となる」ことに変化しつつある。

---

*48）出典：International Energy Agency (IEA) "Energy technology perspectives"（2012年）、McKinsey and Company "Impact of the financial crisis on carbon economics"（2010年）、Parry et al. "Assessing the costs of adaptation to climate change ? a review of the UNFCCC and other recent estimates"（2009年）、United Nations Framework for Convention "Investment and financial flows to address climate change"（2007年）

4．政策的含意

（1）資本取引の自由化に対応した適切なリスク管理

　IMF（2012年）によると、資本取引の自由化は経済の効率性向上、金融セクターの競争力強化、投資と消費の円滑化等を実現し大きな利益をもたらし得るが、資金フローの増大はマクロ経済のボラティリティを増し、金融危機に陥るリスクを増幅させる。そのため、資本取引の自由化の便益を享受するためには、当該国がマクロ経済運営や金融システムの管理・監督に関して一定以上の能力・機能を備えておく必要がある。よって、資本流入の増大に対応した適切なリスク管理の実施に向け、有効なマクロ経済政策を導入する必要がある、と指摘している。その上で、具体的な対応策としては、インフレ管理に向けた金融政策と財政政策のリバランス、経済ファンダメンタルズと乖離しない範囲での通貨の切り上げ、外貨準備積立に向けた為替市場への介入等の方策を提示している。他方、各国の経済政策の余地がない場合においては、資本流入の急増が金融不安定性を脅かす場合等、一定の状況の下では、資本規制策が有効であるとしている[49]。

（2）公的金融の役割[50]

（ア）2008年の世界金融危機により、開発途上国への資金フローは一旦落ち込みを見せたが、2010年には多くの新興国で急速な回復を果たした。今後も、民間資金の増加を主たる要因として、開発途上国への資金フローの拡大傾向が継続すると考えられる。他方、公的資金のフローについては、伝統ドナー国政府の厳しい財政事情に鑑み、今後も大きく増加する可能性は低い。かかる状況において、公的金融が果たすべき役割とは、アジア通貨危機や世界金融危機の際に効果を発揮した countercyclical role 及び民間投資を促進する触媒機能であると指摘できる。また、民間資金の流入が不十分な国においては、投資環境を改善する経済基盤の構築に必要な ODA の確保も重要なポイントであろう。さらに、公的金融の供与を通じ、開発途上国における民活事業の

---

[49] 出典：IMF "The Liberalization and Management of Capital Flows: An Institutional View"（2012年）
[50] 下記の論点に加え、第二章で記した通り、最近、AIIB といった新たな構想が議論されている。その際、既存の国際機関には無い付加価値は何か、公正なガバナンスや適切な国際ルールを備えたものになっているか、債務持続可能性を無視した貸付をすることにならないか、といった観点から慎重に検討する必要があると考えられる。

円滑実施に向けたアドバイザリー機能（調達・契約監理、事業実施管理、ガバナンス強化等）に対するニーズも大きいと考えられる。

(イ) また、新興国は、伝統ドナーに比べ、石油、天然資源の獲得等の経済的なインセンティブにより資金供与先を決める傾向があり、民間資金についても同様にビジネスチャンスが存在する国に対し投資活動を積極的に行う傾向がある。そのため、資源等に乏しい貧困国、脆弱国等、民間資金を呼び込めない途上国に対してどう対応するか、特に政策的なインセンティブ付けに公的金融を如何に活用していくかが重要となってきている。

(ウ) なお、公的金融の適切な活用にあたっては、レベルプレイングフィールドの確保も重要である。OECDメンバー国のみに適用されている輸出信用やタイド援助規制について、新興国へのアウトリーチを如何に図っていくかについての検討が必要である。

米国輸出入銀行によると、2012年におけるOECDメンバー国の輸出信用機関（ECA）による輸出信用の供与実績（総額）は、1200億ドルで、うちG7の供与総額は739億ドル（主な内訳は、アメリカ313億ドル、ドイツ153億ドル、フランス130億ドル、イタリア52億ドル、日本44億ドル）である一方、中国、インド、ブラジル3カ国の輸出信用の供与実績は、2000年の130億ドルに対して、2012年には583億ドル（中国450億ドル、インド106億ドル、ブラジル27億ドル）にまで急増しており、この3カ国だけでG7の供与実績に匹敵する規模に達している[51]。このような新興ECAの急拡大を受け、OECDの輸出信用関連会合においても、2005年にアウトリーチ戦略を策定し、非加盟国のオブザーバー参加の奨励や、情報共有の推進等の活動を行ってきており、ブラジル等の一部の国に対しては一定の成果があったものの、未だ十分な成果があるとはいえず、重要な課題となっている[52]。

(3) 開発資金の適切な把握とそれに基づいた対応

(ア) 開発途上国の膨大な開発ニーズに対応するためには、従来の伝統ドナーの枠組によるODAのみならず、新興国ドナーや民間セクターからの資金を開発資金に組み入れることが不可欠である。その上で、開発資金の流れをより的確に補足し、資金ニー

---

[51] 出典：米国輸出入銀行 "Report to the US Congress on Export Credit Competition and the Export-Import Bank of the United States"（2013年）

[52] このような中、OECDの枠組とは別に、2012年5月、第4回米中戦略・経済対話において、輸出信用の透明性・公平性の重要性に関する共通認識の下、「輸出金融ルールに関する国際作業部会」の開催が合意され、現在まで5回の会合が開催され、我が国も参加している。

ズとのミスマッチ解消に向け努力することが重要である。例えば、膨大なインフラ資金需要[*53]に対しては、初期投資に巨額の資金を要する一方、長期的に安定したキャッシュフローが期待できるため、適切な年金資金の運用先として世界的には認識されているが、我が国は遅れている状況にある[*54]。

(イ) DACにおいては、資金の流れの変化を受けて、譲許性やODAの測定方法、開発資金の全体像等のテーマについて、以下の議論が展開されている。

・譲許性の定義

ODAが、借り手が市場から調達する場合に比し、どの程度有利な条件が設定されているかを示す譲許性（GE）について、1972年の導入以来、GE算出のための割引率は10％と設定されている[*55]。割引率を10％と設定した背景としては、当時の主要ドナーのプライム・レートが約10％であったため、専ら、ドナーの財政努力を測定する観点から定められた水準であった。以降、DACでは、割引率について、市場金利と連動して変動させようとする議論がしばしば行われたが、いずれの際も、変更の合意には至らなかった。

昨今のODA定義の再検討の一環として、この割引率の水準についても見直しの議論が行われており、伝統的なドナーの財政努力を測定する観点から、主に借款をあまり供与していない国々から、先進国における調達コストに見合う水準まで割引率を引き下げるべきとの主張がある一方で、受け手の利益を割引率に反映させる観点から、

[*53] インフラニーズの試算はさまざまであるが、世界銀行は、低所得国及び中所得国全体で年間1兆ドル、東アジア・大洋州地域では年間4060億ドルという試算を紹介している（"World Bank Group Infrastructure Strategy Update FY2012–2015"、2011年）。また、アジア開発銀行は、アジア地域に対する2012年からの10年間に必要なインフラ需要を8兆ドルと試算している（"Evaluating the Environment for Public-Private Partnerships in Asia-Pacific: The 2011 Infrascope"（2012年））。

[*54] インフラ投資は、電力発送電、ガスパイプライン、鉄道等から、長期にわたり安定した利用料収入等が見込まれ、年金財政の安定に寄与できる効果が期待でき、海外の年金基金等では有力な運用方法となっている。脚注8の拙稿でも触れたが、安倍政権の成長戦略の一環として、公的・準公的資金について、運用（分散投資の促進等）、リスク管理体制等のガバナンス、株式への長期投資におけるリターン向上のための方策等に係る横断的な課題について提言を得るために、2013年6月に甘利経済再生担当大臣の下に「公的・準公的資金の運用・リスク管理等の高度化等に関する有識者会議」が設置された。同年11月に公表された報告書では、インフラ投資を含む運用対象の多様化による、分散投資の推進が特に重要な点として挙げられている。

また、2014年2月、日本政策投資銀行（DBJ）、年金積立金管理運用独立行政法人（GPIF）、及びカナダ・オンタリオ州公務員年金基金（OMERS）は、インフラへの共同投資に向けた協定を締結した。OMERSが発掘するインフラ投資案件に、DBJ及びGPIFが投資信託を通じ投資する計画であり、DBJ及びGPIFを合わせた投資規模は、5年程度で最大総額約28億ドルを見込んでいる。

[*55] グラントエレメント（Grant Element：GE）：援助条件の緩やかさを表示するための指標。商業条件の借款を GE＝0％とし、贈与は GE＝100％。条件が緩和されるに従って GE の割合（％）が高くなる。資金の約束額の額面価値から、必要な元本償還及び利子支払の合計の割引現在価値（割引率は10％を使用）を差し引いて算出される。

開発途上国の調達コストとの差分を認識したものとすべき、或いは、調達コストに借り手の信用リスクを加えた金利を割引率に採用するべきとの主張が展開されている。仮に前者となれば、開発途上国の視座を無視するものとなるし、ODAと認められない借款が生まれ、開発途上国への援助額が激減する可能性が高く、不適切であることはいうまでもない。そうなれば本末転倒であり、受け手である開発途上国（特に、資金調達手段の限られる低所得国）が最も被害を受けることとなる。ODA借款から安定的な金利水準での貸出を維持する観点、さらには統計の継続性、比較可能性の観点からも現行維持が望ましい。交渉ごとではあるが、いずれにせよ、過度に低い割引率は絶対に回避すべきであろう。

・ODAの測定方法

現行のODAの測定方法はネット方式であるため（※グロス方式は参考扱い）、借款の回収額がマイナス計上され差引ゼロとなることから、ODA借款の開発貢献が適切に反映されないとの問題が借款供与国にはある。そのため、ドイツより、新たな測定方法として、借款のGE値と供与額を掛けあわせた金額を、贈与相当分として、（コミットメント時点で）ODA計上する「実質贈与分計上方式」が提案された。右提案は、我が国を含む借款供与国には有利に働くが、同一借款でODA部分と非ODA部分が生じる、借款が額面通り計上されず途上国に対する資金フローを正確に把握できなくなる、過去の統計との断絶等の問題点がある。

・開発資金の全体像に関する議論

一定の開発効果が認められるが、開発目的性や譲許性の観点から、ODAだけではなく民間資金等として計上されている資金についても、新たに開発資金として捕捉しようとする議論である。ODA上評価されてこなかった軍事的支援や、新たに開発と密接に関連して重要課題となってきている気候関連資金等の取扱いも論点となっている。現在、係る資金を捕捉するため、ODAとは別に、公的総支援（Total Official Support：TOS）や、その他開発資金（External Development Finance）といった概念が提唱されているが、具体的な中身については、現時点ではほとんどコンセンサスは得られていない。今後、新興ドナー国による援助の捕捉の重要性についても、併せて議論が進展することが望まれる。

（4）開発途上国の新たな債務累積への対応[*56]

（ア）前述の通り、HIPC及びMDRIイニシアティブは、39の適格国のうち35カ国が完了点（Completion Point：CP）に到達済であり、パリクラブが中心的な役割を果たした国際的な債務削減の取組は一通り完了しつつあるといえる。しかし、先進国が

財政事情により支援を減らすなか、特に低所得国では、債務削減により借入余力が生じたことにより、新興ドナーや民間債権者からの、非譲許的資金を含む資金調達等の事例が増加する等、借入増加に伴い新たな債務累積が顕在化しつつある。また、調達手段の多様化により債務管理の複雑性は急激に高まっているが、これに対応できている国はまだ一部でしかなく、債務管理能力の強化が引き続き重要な課題である。HIPCイニシアティブ対象国は、経済成長に不可欠なインフラ整備等に必要な資金の調達手段が限られていたため、引き続き莫大な開発ニーズを有している状況を考慮する必要があるが、譲許・非譲許の別を問わず巨額の対外借入が必要であるとの彼らの主張に関しては、債務持続性を維持しつつ社会・経済的なリターンの最大化を達成することができるよう、効果的・効率的な事業への投資、資金調達、並びに債務管理能力の向上に向けた取組が同時に必要とされていることに留意しなければならない。

　また、開発途上国の巨額のインフラ需要等に対応するのに最も適した資金は、期間が長く低利の譲許的融資であることに疑いなく、こうした資金の提供をドナー側に促すとともに、債務国側においても、自国の開発計画と整合的な借入計画・投資計画に基づき、プロジェクトの便益構造に最適の借入を行うことで、安定的な債務持続可能性を確保する仕組を機能させていくことができるよう、共通認識を醸成していくことが重要であろう。

（イ）また、パリクラブにおいては、国際的なイニシアティブに基づく債務削減を決定するにあたり、いわゆる「コンパラビリティ（同位性）の原則」[*57]に基づき、非パリクラブ債権国や民間債権者からの借入についても、これらの債権者にパリクラブと同水準の措置を講じてもらうよう開発途上国側に求めている。その他、IMFや世界銀行、その他一部の国際開発金融機関（MDBs）においても、債務削減後の開発途上国がいたずらに債務を累積させ、持続可能な債務軌道から再び外れてしまうことがないよう取組を続けている。IMFにおいては、2006年に「債務上限ポリシー」を導入し、開発途上国が非譲許的借入の累積等により債務持続可能性を損なうことがないよう、プロ

[*56] 下記の論点に加え、アルゼンチンの政府の民間債務に関し、拙稿「アルゼンチンの公的債務解消について」（ファイナンス2014年7月）で記した通り、民間債務にかかる米国連邦裁判所判決は、今後の進展如何では、将来的に国家債務再編が必要になった場合に、債権者が再編に応じにくくなる可能性がある。

[*57] パリクラブと債務国との債務再編合意に際して、債務国が、非パリクラブ債権者との間でもパリクラブと同程度に有利な条件でしか債務再編合意を行わないとの条件を守って債務再編を行う原則。本原則は、債務再編による資金が債務国の対外支払能力・債務持続可能性改善のために使用されることを担保することを目的とする。

グラム期間における借入状況の確認を行っている。また、世界銀行（IDA）では、「非譲許的借入ポリシー」が導入され、一定の譲許性を有する資金の活用を求めるとともに、許容範囲を超える非譲許的借入を行った場合には、IDAからの資金の活用に係る条件を厳格化する等の措置を講じており、類似の措置が一部MDBsにおいても講じられている。これらのポリシーは、ドナー国・受益国の意見を踏まえつつ必要な場合に見直しが行われている。ブレトンウッズ機関による開発途上国の債務管理は持続可能な資金の流れを確保する国際公共財であり、その役割はますます高まっているところ、これを形骸化するような見直しが行われることは避けるべきである。

(ウ) さらに、パリクラブでは、債務削減後の、途上国の資金源・調達方法の多様化に伴う二国間公的支援の影響力・優位性の低下に対応し、パリクラブの価値を再構築するため、「パリクラブの今後」に関する議論を進めている。すなわち、2000年代は、パリクラブはHIPC及びMDRIの中心的機能を担い「債務削減フォーラム」の様相を呈していたが、本来の「債権回収フォーラム」としての位置付けを再認識し、多くの債権国が「ソリダリティ（連帯）の原則」[58]に基づいて行動することで債権者の権利を守るとともに、多くの債権者が同じ水準での債務再編を行うことで債務国側の返済負担を減らし、債務国の債務持続可能性を回復する軌道に乗せるべく、近年、債権者としての存在感を増している新興ドナーの（段階的な）パリクラブ・メンバー化を進めるための対話を開始している。こうしたパリクラブのアウトリーチに係る努力が実り、2014年6月、新興ドナーの一つのイスラエルが、パリクラブに20番目のメンバーとして正式加盟した。

（5）気候変動対策分野における民間資金の動員促進

世界的な気候資金の流れにおいては民間資金が約6割を占めているが、途上国における気候変動対策関連事業に対する本邦企業の投資はあまり進んでいないのが現状である。外務省が国連気候変動枠組条約（UNFCCC）に提出した報告書[59]によれば、途上国における気候変動対策への取組みを支援するために日本が提供した公的資金の総額は、2010年から2012年までの3年間で135億ドル（ODA、OOFを含む）であるのに対し、民間資金の動員はわずか34億ドルに留まっている。この要因にはさまざまなものが考えられるが、みずほ情報総研（株）の調査（2014年）では、融資期間の長い気候変動対策関連事業では対象国の信用

---

[58] パリクラブのメンバー国が、一致団結して回収交渉に当たり、他のメンバー国によって締結された合意事項よりも有利な合意を取り付けることを禁じる原則。パリクラブとして債務国との交渉に臨むに当たり、債務国の限られた返済資金を債権国間で公平に分かち合うという精神に基づく。

[59] 出典：外務省 "Japan's Fast-Start Finance for Developing Countries up to 2012"（2013年5月）

格付けが重視される傾向にあること、また、再生可能エネルギー事業は発電コストが高いことから、多くの場合において事業収入は固定買取制度（FIT）等の事業実施国の公的支援に支えられるため、そうした制度を維持できる安定した政府が望まれること等が指摘されている[*60]。こうしたカントリーリスクに関する課題解決には時間を要するため、途上国における気候変動対策に関する事業への民間投資を急速に拡大させることは難しいが、本邦企業の潜在的な投資先となり得る国において、将来の民間投資事業で必要となる周辺のインフラ整備や関連する制度設計を公的資金により支援し、中長期的に本邦企業が進出しやすい環境を作ること等の対策も必要であろう。また、地球環境ファシリティ（GEF）、気候投資基金（CIF）、緑の気候基金（GCF）等のマルチの環境関連基金においても、気候変動対策における民間資金の重要性に鑑み、民間資金の動員を促進するためにさまざまな方策が検討されている。例えば、2010年のCOP16で設立が合意され、その本格稼働に向けて現在準備が進められているGCFにおいても、民間資金の動員を促進するための専用のウィンドウが設置されることが決まっており、今後日本政府としてもこれらのマルチの基金を民間部門が利用しやすいようなデザインにすべく積極的に議論に参加していくことが必要である。

（6）我が国の公的金融の役割

（ア）資金の流れに占める民間資金のシェアが増大し、公的金融が「海外への資金供与の主体あるいは民間の活動の量的な補完」としての役割を持ち得なくなった現在、「多様化・複雑化する民間の活動を質的に補完することにより民間資金を動員するための呼び水となる」ことが公的金融には求められている。そのためには、単純な金利の優遇や量的補完ではなく、民間の活動において生じ得るリスクの特性を把握した上で、これらのリスクを公的金融によって一定程度抑制し、かつ、民間金融機関にも積極的にリスクを取るよう促す手法を取るべきである。その点、以下で詳述するように、円借款の制度改善で実施したEBF、VGF、現地通貨建て海外投融資、JBICによる劣後ローン融資、LBOファイナンス等は、一つの先行例と言える。

（イ）EBF（Equity Back Finance）は、円借款で開発途上国政府によるプロジェクトへの出資のバックファイナンスを行うもの、VGF（Viability Gap Funding）はプロジェクトのライフサイクルの中で、収益を平準化するために開発途上国政府が資金供給する際にその資金を円借款で支援するもの、現地通貨建て海外投融資は、プロジェクトファイナンスで料金収入が現地通貨建てで支払われる場合に本邦企業が為替リス

[*60] 出典：みずほ情報総研「平成25年度開発援助調査研究業務 我が国の気候変動分野における長期資金の達成に向けた戦略・アプローチに関する調査・研究」（2014年3月）

クを負わないようにするものであり、これらはいずれも本邦企業が開発途上国等リスクの高い国のインフラ・プロジェクト等に積極的に参画し、事業権を獲得するというビジネスモデルで海外展開している背景を踏まえ、これを支援するために導入されたものである。

（ウ）2014年6月、財務省・金融庁が事務局を務める「金融・資本市場活性化有識者会合」において、JBICが実施している「海外展開支援融資ファシリティ」の既存の支援対象分野について企業の収益力を高める事業に支援を重点化するとともに、「劣後ローン」や「LBOファイナンス」といった新たな金融手法を加えるべきとの提言が発表された（金融・資本市場活性化に向けて重点的に取り組むべき事項（提言）(2014年6月12日報道発表））。この提言を踏まえ、日本政府は、6月24日にとりまとめた「日本再興戦略改訂2014」において、上記の施策を導入することを表明した。

　まず、これまでJBICは、シニアローンや出資を通じた海外展開支援を行なってきたが、これに「劣後ローン」という新たなメニューを追加し、自己資金及びシニアローンだけでは資金が不足する企業等に対して、「劣後ローン」を供与することにより、会計上の「自己資本」を増やすことなく、事業（総資産）を拡大することを可能とした。「劣後ローン」を供与された企業は、シニアローンと比べ高い金利を支払う必要があることから、企業はより収益性の高い事業に投資することが求められる。このように、JBICが「劣後ローン」の供与により高いリスクを負担することによって、企業の収益力の強化が可能となる。

　また、現行の「海外展開支援融資ファシリティ」では、海外M&Aや資源の権益取得等を行う企業の投資資金をバックファイナンスしているが、これに加え、本邦企業が買収等のために出資するSPCに対し、JBICが当該企業による保証を取らずに直接資金を貸し付ける「LBOファイナンス」を導入することで、海外M&A等を積極的に進めたいものの巨額の買収資金の調達が困難な本邦企業が、リスクを抑えつつ買収を実行できる手段を提供することとした。「LBOファイナンス」は、本邦企業自身の返済能力ではなく、買収先企業がキャッシュフローを生み出す能力に着目して実施されることから、高い成長と利益が見込まれる海外企業が買収の対象となる。このように、JBICが民間金融機関とともに「LBOファイナンス」によって直接、買収先企業のリスクを取り、本邦企業のリスクの一部を引き受けることによって、本邦企業が収益性の高い海外事業に積極的に投資することが可能となる。

　以上の例は、積極的に海外における事業のリスクを取って収益を上げようとする企業のファイナンスを支援するために、JBICが民間金融機関とともにリスクを負担するものであり、まさに多様化・複雑化する民間企業の資金ニーズに応えるものとし

て先進的な取組である。

(7) その他（不正送金への対策、多国籍企業による租税回避行為への対応）

(ア) 本論では触れていないが、近年、開発途上国からの不正な資金流出（Illicit Financial Flows：IFFs）の問題が政策決定者や国際機関の注目を浴びている。そもそも、不正送金はそれ自体、正義に反し、経済発展にも悪影響を齎すが、これまで分析してきた統計の信頼性も損なわれることになり、政策判断も誤りかねない。IFFsの要因は、貿易取引における過剰請求や不当に低い価格設定、多国籍企業の利益移転による租税回避、オフショア銀行口座等への資産・所得の移転・隠ぺい、国際的な贈収賄等が考えられる。米国のシンクタンクの Global Financial Integrity（2013年）は、IFFs を不正に獲得、送金、利用された資金の国境を跨ぐフローと定義し、各国の国際収支統計から消失した資金の集計、貿易取引における不当な価格設定に係る調査等を通じ、IFFs の規模を推定している。それによると、2011年における犯罪、汚職、租税回避行為等による開発途上国からの不正な資金の流出額は前年比14%増の9467億ドルに上り、国別の IFFs の規模（2011年）としては、中国1076億ドル、ロシア881億ドル、メキシコ462億ドル、マレーシア370億ドル、インド344億ドル等と推計されている[61]。また、2002年〜2011年の累計では、総額5.9兆ドルの資金が開発途上国から不正に失われたと推計している。

多くの開発途上国は不正送金や租税回避行為に対する監視体制、規制が不十分であり、本来自国の開発に投入することのできる資金が国外へと持ち出されることにより、貧困の状況をより悪化させる結果を招いている。OECD、国連等の国際機関においてもこの問題が積極的に議論されており、OECDは2013年4月にIFFIsに関するIssue Paperを公表した[62]。同ペーパーでは、マネーロンダリング、租税回避及び不正送金、国際的な贈収賄、不正資産の回収の対策強化の必要性を指摘し、また、ドナー各国に対し開発途上国政府がかかる対策を実施するための能力強化に向けた支援を拡大する必要性を強調している。

(イ) また、昨年来、米国の多国籍企業による租税回避行為が欧米で大きな社会問題に発展した。OECDは2013年2月、「税源浸食と利益移転について（Addressing Base Erosion and Profit Shifting）」と題する報告書を公表し、税源浸食が、多くの国で税

---

[61] 出典：Global Financial Integrity "Illicit Financial Flows from Developing Countries: 2002-2011"（2013年）
[62] 出典：OECD "Measuring OECD responses to illicit financial flows"（2013年）

収、徴税権、税制の公平性に深刻なリスクをもたらすこと、国内の税基盤が侵食される方法は多数あるが、最も重大な税源浸食は利益移転であること、越境活動への課税の根底にある主な特徴と、その特徴が生み出す税源浸食・利益移転の機会を明らかにした。さらに、2013年7月には、「税源浸食と利益移転行動計画（Action Plan on Base Erosion and Profit Shifting）」（BEPS行動計画）を公表し、同月のモスクワにおけるG20財務大臣・中央銀行総裁会議に提出された。BEPS行動計画は、多国籍企業による租税回避を防止するための手段として15項目を明らかにしており、PE（恒久的施設）を伴わない電子商取引への課税強化や、無形資産の譲渡に伴う低税率国への所得移転等に対応した新たな国際課税のルール策定が進められる予定である。日本政府も、財務省が発表した麻生財務大臣談話（2013年7月）において、BEPS行動計画への支持と積極的な関与していく意向を表明しており、2014年度にはBEPSに対し40万ユーロの拠出を行っている。

5．結 び

開発途上国を中心とする世界の資金の流れが、グローバリゼーションの進展、民間資金の拡大、新興国経済のプレゼンス拡大等により、質・量ともに大きく変化していることが確認された。グローバルな資金の流れの急激な変容を的確に把握し、我が国の政策も臨機応変に改善していく必要がある。第4章で示した政策的含意は、その課題と方向性の一部を示したに過ぎず、我々としても、意欲的に観察・分析を続け、さらなる政策を提案して参りたい。

（追記）
当方では、これまでOOFと民間資金（PF）の確定値を翌1月頃に公表してきたが、その重要性の高まり等に鑑み、今年から従来より半年以上早い6月末に暫定値を公表することとしたので、公表済のODA暫定値と併せて、最新の統計を下記に略述する。

（1）資金の流れ総計（図表25）
① 支出総額（グロス）
ODA、PFの増加により、115,809百万ドルとなり、前年に比べ6,023百万ドルの増加（前年比5.5％増）。

② 支出純額（ネット）
OOF、PFにおいて回収額が減少したことにより、58,237百万ドルとなり、前年に比べ

9,259百万ドルの増加（前年比18.9％増）。

（2）政府開発援助（ODA）（図表26）

① 支出総額（グロス）

無償資金協力の増加[*63]、政府貸付等の増加[*64]により、22,732百万ドルとなり、前年に比べ4,069百万ドルの増加（前年比21.8％増）。

② 支出純額（ネット）

11,786百万ドルとなり、前年に比べ1,182百万ドルの増加（前年比11.1％増）。

（3）その他政府資金（OOF）（図表27）

① 支出総額（グロス）

直接投資金融等の減少[*65]、輸出信用（1年超）の減少により、7,074百万ドルとなり、前年に比べ5,162百万ドルの減少（前年比42.2％減）。

② 支出純額（ネット）

1,286百万ドルとなり、前年に比べ4,107百万ドルの減少（前年比76.2％減）。

（4）民間資金（PF）（図表28）

① 支出総額（グロス）

その他二国間証券投資等、国際機関に対する融資等が減少した一方、輸出信用（1年超）と直接投資が増加[*66]したため、86,003百万ドルとなり、前年に比べ7,603百万ドルの増加（前年比9.7％増）。

② 支出純額（ネット）

輸出信用（1年超）において回収額が減少[*67]したこと等により、45,165百万ドルとなり、前年に比べ12,671百万ドルの増加（前年比39.0％増）。

[*63] 2013年の無償資金協力は、債務救済を4,021百万ドル実施したことにより、前年比4,003百万ドル増の7,121百万ドル。

[*64] 2013年の政府貸付等は、アジア地域における円借款の貸付実行額の増加等により、前年比2,020百万ドル増の9,721百万ドル。

[*65] 2013年の直接投資金融等は、2012年のチリにおける資源案件で供与額が増加していたものの反動減により、供与額が減少したことを主因に、前年比5,066百万ドル減の6,581百万ドル。

[*66] 2013年の直接投資は、主にタイにおける金融案件等で供与額が増加し、前年比7,484百万ドル増の39,755百万ドル。

[*67] 2013年の輸出信用（1年超）は、主にアジア地域、アフリカ地域で回収額が減少し、前年比7,254百万ドル増の3,303百万ドル。

図表25　資金の流れ総計

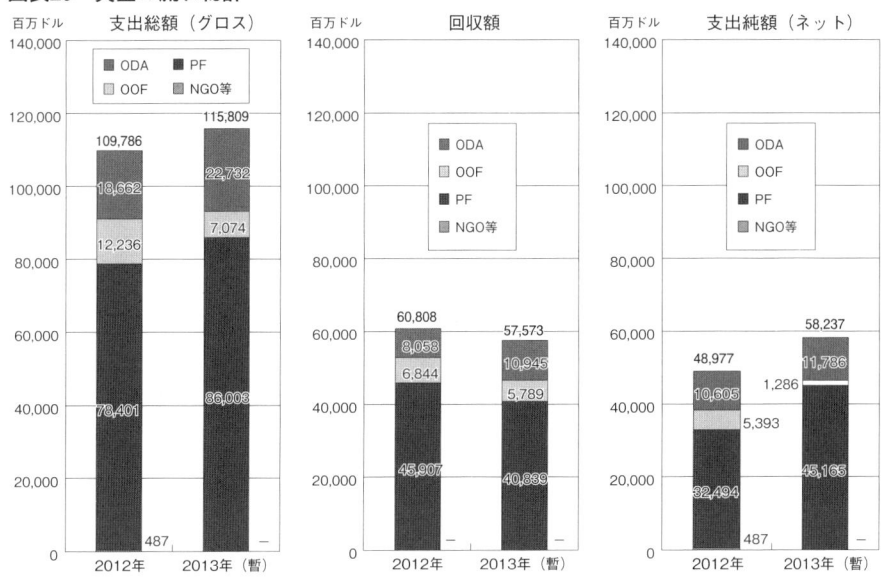

百万ドル　支出総額（グロス）

	2012年	2013年（暫）
合計	109,786	115,809
NGO等	18,662	22,732
PF	12,236	7,074
ODA	78,401	86,003
OOF	487	—

百万ドル　回収額

	2012年	2013年（暫）
合計	60,808	57,573
PF	8,058	10,945
OOF	6,844	5,789
ODA	45,907	40,839

百万ドル　支出純額（ネット）

	2012年	2013年（暫）
合計	48,977	58,237
NGO等	10,605	11,786
PF	—	1,286
OOF	5,393	—
ODA	32,494	45,165
（OOF）	487	—

図表26　政府開発援助（ODA）

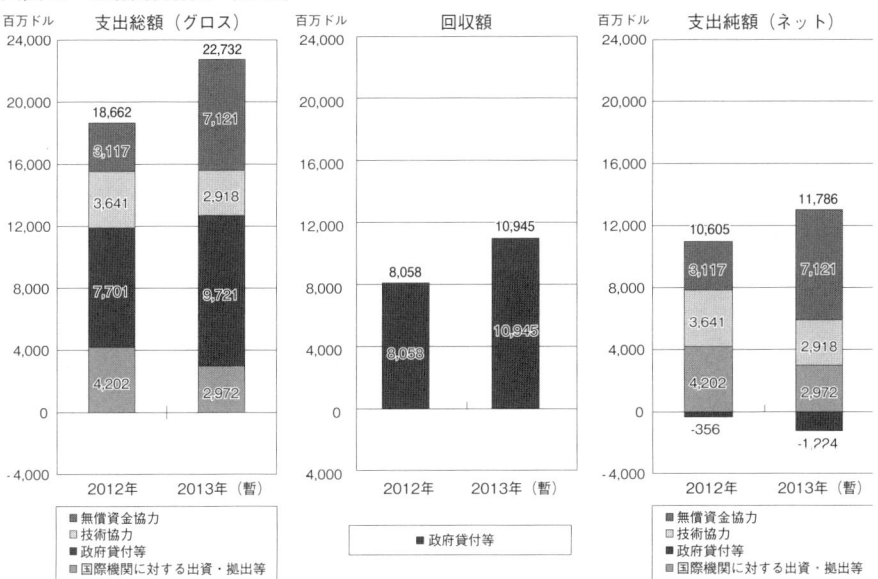

百万ドル　支出総額（グロス）

	2012年	2013年（暫）
合計	18,662	22,732
政府貸付等	3,117	7,121
技術協力	3,641	2,918
無償資金協力	7,701	9,721
国際機関に対する出資・拠出等	4,202	2,972

百万ドル　回収額

	2012年	2013年（暫）
政府貸付等	8,058	10,945

百万ドル　支出純額（ネット）

	2012年	2013年（暫）
合計	10,605	11,786
政府貸付等	3,117	7,121
技術協力	3,641	2,918
無償資金協力	4,202	2,972
国際機関に対する出資・拠出等	-356	-1,224

※債務救済は無償資金協力に含む。

図表27　その他政府資金（OOF）

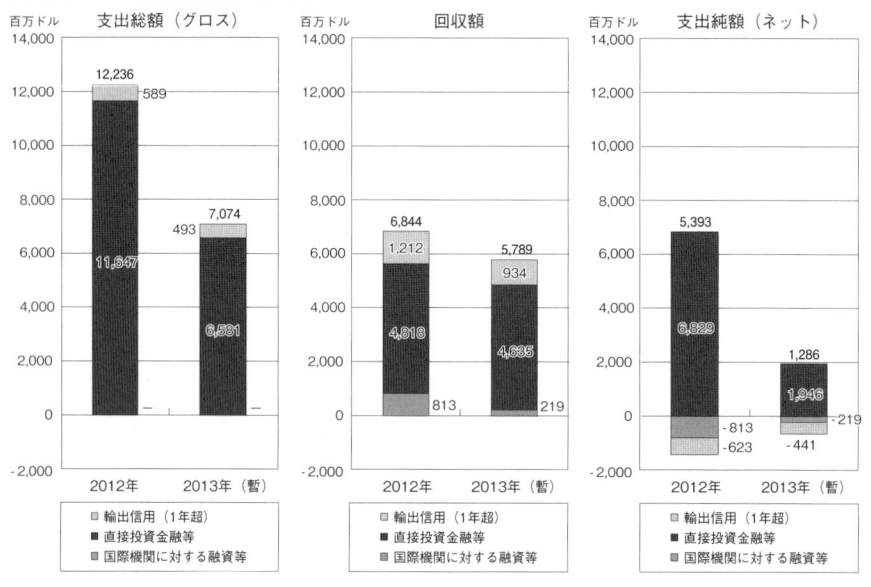

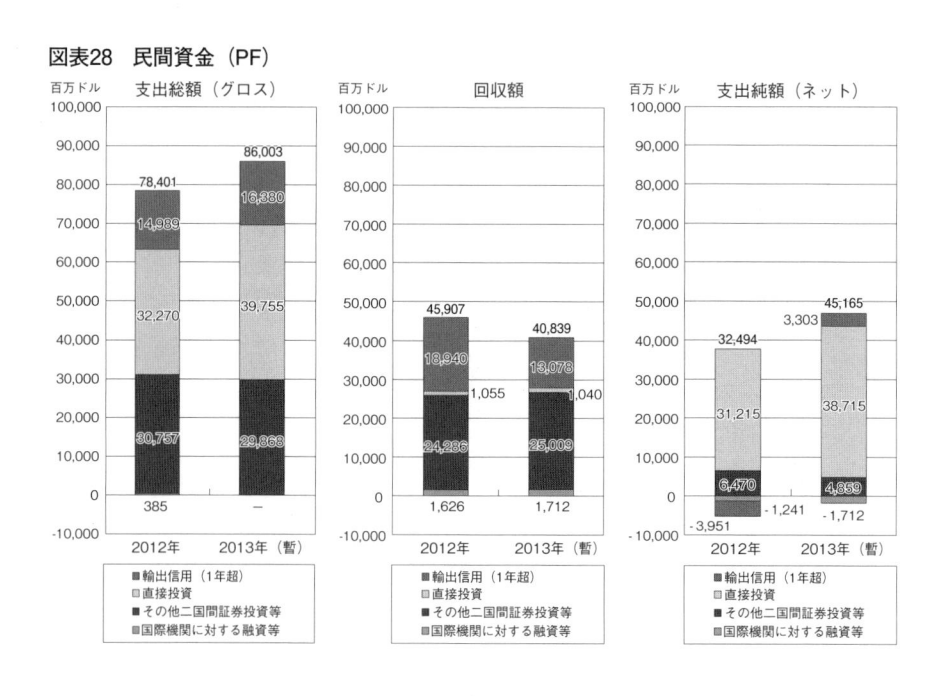

支出総額（グロス） （百万ドル）

項目	2012年	2013年（暫）
合計	12,236	7,074
輸出信用（1年超）	589	493
直接投資金融等	11,647	6,581
国際機関に対する融資等	—	—

回収額 （百万ドル）

項目	2012年	2013年（暫）
合計	6,844	5,789
輸出信用（1年超）	1,212	934
直接投資金融等	4,818	4,635
国際機関に対する融資等	813	219

支出純額（ネット） （百万ドル）

項目	2012年	2013年（暫）
合計	5,393	1,286
輸出信用（1年超）	-623	-441
直接投資金融等	6,829	1,946
国際機関に対する融資等	-813	-219

図表28　民間資金（PF）

支出総額（グロス） （百万ドル）

項目	2012年	2013年（暫）
合計	78,401	86,003
輸出信用（1年超）	385	—
直接投資	30,757	29,868
その他二国間証券投資等	32,270	39,755
国際機関に対する融資等	14,989	16,380

回収額 （百万ドル）

項目	2012年	2013年（暫）
合計	45,907	40,839
輸出信用（1年超）	1,626	1,712
直接投資	24,286	25,009
その他二国間証券投資等	18,940	13,078
国際機関に対する融資等	1,055	1,040

支出純額（ネット） （百万ドル）

項目	2012年	2013年（暫）
合計	32,494	45,165
輸出信用（1年超）	-3,951	-1,712
直接投資	6,470	4,859
その他二国間証券投資等	31,215	38,715
国際機関に対する融資等	3,303	-1,241

第2章
ドル、ユーロ、円、人民元
―通貨の現状―

1. パースペクティヴ

　毎日のように、中国人民元の興隆やユーロ危機の話題が展開される。本稿では、国際通貨の現状についてストックテイクを行う。通貨政策等にかかる関税・外国為替等分科会におけるご審議が始まったところであるし、機微にわたるSDRの議論等が足元で動きつつあることもあり、敢えて政策提言はここでは示さない。寧ろ、いかに大きく世界が変貌しつつあるか、我々の思考枠組も長期的・世界大的視座に立って、絶えず戦略的に鍛えなくてはならない現実認識を、通貨という主権国家の重要な要素を通じて、読者とシェアしたい。

　なお、本稿の執筆にあたっては、津田尊弘氏を中心に、飯塚正明氏、宇多村哲也氏、濱田秀明氏、宮地和明氏、今岡植氏、竹藤一樹氏、長谷川雅英氏等の貴重な協力を得た。

(1) 前座（為替は本題ではないがひとこと）
　さて、国内の通貨の議論といえば、為替が中心であった。これは本稿の対象ではないが、一言だけ冒頭に触れておく。米ドル中心の国際金融システムを当然視する中、各通貨のドルとの相対価値が注視されたのは自然である。経済学のリテラチャーも、為替決定理論を扱うものが多く、我々も読み続けてきた。オープンエコノミー下でのマクロ政策においても為替が重要な波及経路とされてきた。

　しかし、近隣窮乏化をも潜在的に含み得る為替自体が直接の政策インストルメントや政策目標とされなくなって久しい。累次のG20、G7・8声明にもあるように、日本を含む主要国は、「通貨の競争的な切り下げを回避し、競争力のために為替レートを目標とはしない[*1]」ことをコミットしており、我が国もこの数年、一切、為替介入を実施していない。

　足元では、ドル高、ユーロ・円安基調が続いているが、これは、FED, BOJ, ECBの順

に量的金融緩和を展開してきたところ、現下の経済状況を反映し、FEDが年内利上げを視野に金利の正常化を試みるのに対し、BOJやECBはデフレ脱却を確かなものにするために引き続き金融緩和を続けるであろうと市場が予測しているためと報道などでは論じられている。小生が為替市場課の課長補佐の頃、投機筋による全く経済ファンダメンタルズを反映しない急速な円高に対抗すべく大量のドル買介入を行ったが、隔世の感がある。円安はG20でも認識されているようにデフレ脱却のための金融政策の副次的な結果である[*2]し、何よりも円安によって必ずしも輸出数量が増えていないことは特記すべきであろう。これには、本邦企業の生産拠点の海外移転、新興国や原油価格半減等による資源国の需要弱含み、サプライチェーンのグローバル化による輸入物価の影響、そして、シェア拡大よりも収益とブランド確保のため、外貨建ての現地価格を維持する企業戦略の変化等を考えれば、不思議なことではない。

もっとも、我が国でも国際通貨体制の議論は、度々、大きな問題となった。戦前の金本位制をめぐる論争、戦後も、1971年のドルと金の交換停止、73年の全面的なフロート制への移行が最大の節目であった。その後、プラザ合意等の為替調整、アジア通貨危機やリーマンショックへの対応等々、歴史的なイベントが発生したが、いずれも、ドルを圧倒的な基軸通貨とする枠組みの範囲内での処理と考えてよい。

ところが、近年、とりわけあしもとで、国際通貨体制自体が大きく注目されるようになってきた。

(2) あしもとでの国際通貨体制の話（AIIBも絡んで）

小生は本年3月位からAIIB[*3]関連業務に投入され、これに忙殺される日が少なくなかった。AIIBについては、膨大なアジアのインフラ需要に対応する意義を認める一方、理事会の在り方を中心としたガバナンス、債務持続可能性や環境、社会セーフガード等の確保を働きかけているところである。

この議論の中で、AIIBは人民元圏拡大の手段、或は、中国が保有する外準運用の捌け

[*1] "G20 Leaders' Declaration"（St.Petersberg, Sep.5 – 6, 2013）パラ17. We reiterate our commitments to move more rapidly toward more market-determined exchange rate systems and exchange rate flexibility to reflect underlying fundamentals, and avoid persistent exchange rate misalignments. We will refrain from competitive devaluation and will not target our exchange rates for competitive purposes. We will resist all forms of protectionism and keep our markets open."

[*2] "Communiqué Meeting of Finance Ministers and Central Bank Governors" Washington, 18–19 April 2013）パラ4 "Japan's recent policy actions are intended to stop deflation and support domestic demand."

[*3] アジアインフラ投資銀行（Asian Infrastructure Investment Bank）.

口になるのではないかという声も聴かれた。血税にかかる説明責任として議論の前提を確保する必要があるし、域内大国として地政学的な考慮も大切であるが、これら通貨面での主張は必ずしも正しくない可能性がある。

　勿論、AIIB は未だ設立されておらず、設立後も運用が変貌していくので、中国を含め誰も確たることはいえない。他方、現段階では、AIIB は「投資」銀行として、通常、ドルを中心とした自由交換通貨で準商業的な融資を行い、その財源として、自由交換通貨を市場で調達することが想定されている。しかし、人民元が介在するかは、これが、自由交換通貨となっていくか、そして、プロジェクト、ひいては借入主体が人民元融資を求めるか、融資通貨バスケットの要素となりうるかといった鶏と卵のようなところがあり、予断を許さない。

　後者の外準捌け口論についても、中国人民銀行が主導するシルクロード基金には中国が保有する外準65億ドルが直接、原資の一部として充てられるが、財政部が主導する AIIB では、現段階では外準の使用は想定されておらず、財政資金で出資する可能性が高い。もっとも、内貨の財政資金のドル転を行う相手が外準となることは、CIC（China Investment Corporation）の前例もあり、想定し得る。いずれにせよ、金融に詳しい方ほど、AIIB を通貨の側面からも議論される傾向が強かった。

　更に、人民元に関しては、待ち望まれた日中財務対話、日中金融協力の枠組みの再開もあり、人民元の活用策を検討する一方、SDR に人民元が参入するのかという議論が IMF で始まりつつある。

　より喫緊の課題はギリシャ危機である。債権者と約束した改革を反故にする公約で勝利した急進左派政権と債権者との交渉が厳しい状況となり、ギリシャのデフォルト、ユーロ離脱、ドラクマ復帰が市場等で囁かれている。焦点は、ギリシャ自身よりも、第2、第3のギリシャを求める攻撃のもと、南欧に波及し、ひいてはユーロがソフトペッグとみられてインテグリティーが弱くなることにある、という見方もある。そういえば、スコットランド独立が薄氷の差で否決された際も、独立した場合にポンドを使用できるかが大きな争点であった。5月7日の英国総選挙で EU に残るかの住民投票を公約とする保守党が勝利する一方、スコットランド独立党がスコットランドのほぼ全ての議席を押さえる等、なお、欧州の将来は要注意である。

　更に、コンベンショナルに定義される通貨とは異なる、ビットコイン等の仮想通貨にどう対応するのかという新しい課題も生まれている。「イスラム過激派組織 ISIL」が仮想通貨をその資金調達に活用している可能性も噂され、国際社会全体でこれにどのように対処するかが大きな問題となっている[*4]。

(3)　より本質的な問題（本稿執筆の要請）

しかし、通貨体制の問題は本質的、構造的である。今に始まった話ではないが、通貨というものは主権国家の本丸でありながら、近年、あまり正面から議論されてこなかった。

① 円の国際化

まず、円の国際化は、1983年に外国為替等審議会[*5]で謳われ、その後、86年の東京オフショア市場の創設や98年の金融ビッグバン、外為法改正などを経て今日に至るまで、日本は一貫して円の国際化の旗を立ててきており、少なくとも旗をおろしたことはない。しかし実際には、規制緩和等を精力的に進めてきた結果、政策誘導の余地がなくなっていき、今や、円の活用は基本的には企業の合理的選択による通貨の選好によって決定されるようになっている。そのため、円の国際化自体を政策変数として捉えることが最近は余りない。金融・資本市場活性化有識者会合[*6]でも、東京を国際金融センターにするための諸方策が検討される中、本邦金融機関の決済機能強化等は間接的に円の魅力を高めることにはなるが、GATE[*7]等を除けば、直接に円の活用を強化する議論は余りなかった。他方、金融・資本市場活性化に関連して要路を回っている小生に、昔、大蔵省が旗を振っていた円の国際化はどうなった、と訊かれるご年配の金融関係者も少なくなかった。これをどう総括するのかは引き続き、大きな課題である[*8]。

② アジア金融協力

第二に、我が国の通貨関係政策としては、日本は従来よりABMI[*9]を主導するなど、途上国の現地通貨建ての債券市場の育成を展開してきた。

ABMIは、アジア通貨危機の原因として、期間のミスマッチ（短期借入と長期貸付）と通貨のミスマッチ（外貨と自国通貨）という「二重のミスマッチ」があるとの認識に立ち、

---

* 4）「FATF（金融活動作業部会）」は、仮想通貨に関し、マネロン・テロ資金対策の一環として仮想通貨と法定通貨の取引を行う交換所に対し、登録または免許制を課すとともに、顧客の本人確認や疑わしい取引の届出、記録保存の義務等を適用することに焦点をあてたガイダンスを公表した（平成27年6月26日）。
* 5）関税・外国為替等審議会の前身。
* 6）拙稿『金融・資本市場活性化について』（ファイナンス2014.1）、『金融・資本市場活性化について（追加提言）』（ファイナンス2014.8）。
* 7）JBICのサムライ債発行支援ファシリティ（Guarantee and Acquisition toward Tokyo market Enhancement）。
* 8）Eichengreen and Kawai "Issues for Renminbi Internationalization: An Overview." (2014) は、日本の1980年からの円の国際化の試みは失敗し、円の利用が低迷している理由を、①日本当局が1980年代以前まで円の国際化に消極的であったこと、②「失われた20年」により日本のプレゼンスが下がったこと、③貿易インボイス通貨が米ドル中心であったこと、④短期金融市場の流動性が、ロンドンやニューヨークに比べて不足していたことと分析している。
* 9）アジア債券市場育成イニシアティブ（Asian Bond Markets Initiative）。

二重のミスマッチを解消して、アジアの貯蓄を安定的にアジアへの投資に活用すべく、2003年のASEAN＋3財務大臣会議で開始されたイニシアティブである。

ABMIの主な成果としては、ASEAN＋3域内の現地通貨建ての債券市場の発行残高が2002年の1.1兆ドルから2014年の8兆ドルまで増加したことが挙げられる。また、本年のASEAN＋3財務大臣中央銀行総裁会議でも、CGIF[10]による保証の蓄積、債券市場に係る上場書類共通化の進展、資金・証券決済システムの二国間の接続の推進の合意といった成果が得られている。

アジア地域金融協力の進展が、円の将来にどのようなインプリケーションがあるのか、今後も検討を要しよう。

③ 大きな構造変化

第三に、国際金融は激動しており、顕著な構造変化を3つだけ例示したい。

1) 1つ目はドル化の進展[11]である。例えば、統計の限界があるものの、カンボジアにおいては、近年マクロ経済や政治情勢が安定しているにもかかわらず、ドル化比率が上昇し、現在80％を超えている[12]という分析が存在する。ドル化は、当該途上国にとって、為替変動リスクの低下及びそれを通じた資金調達コストの低減、通貨危機のリスク削減といったメリットもある反面、金融政策・為替政策の自由度が失われ、中央銀行が最後の貸し手機能を果たすことができず、また、通貨発行益が失われるなどのデメリットもあり、取引相手国のドル化の我が国への含意も複雑である。

本邦企業も、サプライチェーンがグローバル化する中でドル取引を益々多用するようになり、JBICの出融資構成を見ると、承諾額で20年前に円建て52％、ドル建て45％であったものが直近で円建て5％、ドル建て84％に激変し、残高ベースでも20年前に円建て78％、ドル建て18％であったものが、直近で円建て13％、ドル建て82％と大きくドル化している。

更には、JICAの円借款や海外投融資を外貨建てとする要望が強まっており、定義により円借款は円建てでしか融資していないが、限定的にスワップサービスを提供することによりドル建てでの返済を可能にする制度を導入したり、現地通貨建て海外投融資制度を新設[13]したところである。

---

[10] 信用保証・投資ファシリティ（Credit Guarantee and Investment Facility）。2014年にこの保証可能規模を7億ドルから17.5億ドルに拡大した。
[11] 『関税・外国為替等審議会 外国為替等分科会 アジア諸国との金融協力等に関する専門部会 報告書』(2014.6) を参照されたい。
[12] De Zamarôczy, Mario and Sopanha Sa, (2002),"Macroeconomic Adjustment in a Highly Dollarized Economy: The Case of Cambodia" (IMF Working Paper 02/92)
[13] 拙稿『海外経済協力の包括的改革について』（ファイナンス2014.2）

現象的には、例えば、ドル・円のベーシススワップを見ると、ドルの調達コストが高止まりしており、あしもとでは、5年物で約50〜60ベーシスポイントとなっている。米国の銀行規制強化等でドル供給が制約される一方、本邦企業の商業活動もグローバル化の中でドル化が進展してドルの需要が高まっているために、円がネガティブプレミアムを持っているとも考えられる。

2) 2つ目は、前述したことと関連するが、人民元の国際化の進展である[14]。周中国人民銀行総裁は、「2015年、中国は資本勘定の自由化を更に促進し、人民元をより自由に利用可能な通貨とするための一連の改革に取り組む。」[15]と明言し、着実に、金融を近代化、国際化すべく、金利の一部自由化、預金保険制度の創設、香港＝上海コネクト、為替介入の抑制といった営みを推進している。人民元国際化のインセンティヴには様々なファクターが存在するが、例えば、中国の政治的影響力の増強と東アジア経済の一体化の促進[16]が謳われることもあり、地政学を含めた大きな国家戦略に位置づけられていると考えられる。まだまだ、資本勘定の規制等が大きく残り[17]、自由交換通貨というには程遠いが、確実にその目標に向かって前進している。詳しくは「6．SDR」で述べるが、本年3月にはラガルドIMF専務理事が「（人民元がSDR構成通貨に）採用されるかどうかの問題ではなく、いつ実現するかという問題だ」[18]と述べ、周総裁は、「人民元がSDR構成通貨に含まれるかが（今年の）見直しにおける重要な論点の一つとなる。」[19]と明言する段階に至っている。

3) 3つ目は「金融の兵器化」[20]である。ウクライナ情勢にかかるロシア制裁、核開発にかかるイラン・北朝鮮制裁において、金融措置が最も有効なインストルメントとなっていると言われている[21]。この点、Eurasia Groupは、「米国の市場や銀行へのアク

[14) 中国人民銀行は、2015年6月11日に人民元国際化報告書を発表した。
[15) Statement by the Honorable Zhou Xiaochuan Governor of the IMF for China to the Thirty-First Meeting of the International Monetary and Financial Committee Washington, D.C., April 18, 2015
[16) 中国人民大学国際通貨研究所『人民元　国際化への挑戦』（2013年）P225−227
[17) 2015年6月、MSCIが中国上海A株市場の新興国指数組入れを見送った際にも、資本勘定の開放性が問題になった。
[18) 2015年3月20日に行われた復旦大学での講演の質疑応答で、"It's not a question of if, it's a question of when"と述べたとの報道がある（Reuters, 20 March, 2015）。
[19) Zhou Xiaochuan (2015) 前掲。
[20) 金融パワーの政治経済学については、Jonathan Kirshnerの"Currency and Coercion ── The political Economy of International Monetary Power"（Princeton University Press 1995）が興味深い。彼は、冷戦終結、金融力の分散、金融市場の成長により、金融を活用した外交がより重要となっていくと予測していた。
[21) 我が国の外為法上の経済制裁（対北朝鮮、イラン、ロシア）については、拙編著『図説　国際金融』p196—203を参照。

セスと、ワシントンのそれらを利用しようとする能力と意欲は、外交、安全保障政策の手段として更に重要となっており、強制外交のツールとして、アメ（資本市場へのアクセス）とムチ（様々な制裁措置）を体系的に利用する金融の兵器化が進展している」と分析している[*22]。

「金融の兵器化」は、ドルやユーロが貿易や投資に不可欠な通貨であり、ニューヨークやロンドンの金融機関を介在する取引が主流であることから強く機能する。この状況はすぐには変わらないであろうが、安全保障上の観点から、ドル、あるいはニューヨーク・マーケットから少しでも離れて多様化したいというモーメンタムが出てきている。例えば、BNPパリバが突然1兆円の制裁を受けたり、あるいはアルゼンチン債務の問題で、ニューヨーク連邦地裁が市場を当惑させる判決を出した[*23]りしたことも一因である。パリバ制裁の時は、オランド大統領が「制裁は過剰で不公正」[*24]と発言したが、これは1965年当時のジスカールデスタン財務大臣が米国の国際金融における無比の地位を法外の特権と称した[*25]ことを想起させる。こういったことから、中東原油決済をユーロでという動きがあったし、最近も中国とロシアとの間でエネルギーの人民元決済が進む[*26]など、長期的には多様化が進む可能性がある。

2．フレームワーク

通貨は価値基準、支払手段、価値保蔵の3機能を有するとされ、これが国際通貨として受け入れられていくと様々なメリット、デメリットが生じる[*27]。これについて網羅的に

[*22) Ian Brenmer and Cliff Kupchan（2015），"Top Risks 2015" http://www.eurasiagroup.net/pages/top-risks-2015
[*23) 拙稿『アルゼンチンの公的延滞債務解消について』（ファイナンス2014.7）参照。
[*24) オランド大統領はオバマ大統領に対し、"the penalty shouldn't be unfair and disproportionate,"と述べたとの報道がある（Wall Street Journal, June 4, 2014）。
[*25) これは小生もドゴールの言と思っていたが、Pierre-Olivier Gourinchas and Helene Rey の "From World Banker to World Venture Capitalist : US External adjustment and the exorbitant privilege"（NBER Working Paper 11563,2005）によれば、'exorbitant privilege' はジスカールデスタンの言。
[*26) 2014年11月、アジア太平洋経済協力会議（APEC）首脳会議出席で北京を訪問したプーチン大統領は、「中国との協力の一環として、相互取引に人民元を利用する計画だ」と表明。「すでに初期段階の取引は開始している。今後はエネルギー資源の取引にも拡大していく準備ができている」と述べた。
[*27) 殆どの関連テキストブックに解説されているが、簡便なものとして、拙編著『図説 国際金融』（財経詳報社、2015）p94以降参照。

文献を整理し、丁寧に分析したのが Benjamin Cohen [28]であり、結論として、既往の論文の多くの誤謬を指摘しつつ、地政学的考慮を含めた幅広い潜在的損益、貿易インボイスや金融市場を含む全ての潜在的役割、時間軸を考慮すると共に、国際通貨化には経常赤字が必須ではなく資本勘定における仲介を経由しても可能であるという経験的・理論的知見の認識が必要であるとし、全体としての損得の評価は難しいことを示唆している。他方、彼のメリット、デメリットの分類学は有益であるので、これを踏まえて整理する。

（1） 国際通貨化の便益

① 取引費用の削減　銀行にとって自国通貨建てでビジネスをすることは、自国通貨を発行する中央銀行への特権的なアクセスや、融資・投資ビジネスや自己通貨への両替に係る各種手数料などを得ることとなり、大きな収益増加要因となる。これは、デノミネーション・レントともいわれる。企業にとっては、海外で自国通貨建てでビジネスをすることにより外国為替取引に係るリスクを低減できる。一般的な個人にとっては、海外旅行で自国通貨が使えることとなり利便性が向上する。

② 国際的なシニョレッジ（通貨発行益）通貨の価値からその生産に係るコストを差し引いたものがシニョレッジとなる。国際的には、財・サービスの対価として外国人が自国通貨や自国通貨建て債権を獲得する際に生じることとなる。関連して、外国での自国通貨建ての債権への需要が増加し、当該国が借入国である場合、そのコストが低下する。米国の場合、米国債への大規模な海外投資がなければ、10年米国債金利は80bp 高かったであろうという推計[29]等が存在する。

③ マクロ経済の柔軟性　通貨が国際的に使用されることにより、国際収支面からの財政金融政策への制約が弱まり、自国通貨建てで財政赤字をファイナンスする能力が高いほど、財政政策の自立性が高まる。近年、Kirshner を嚆矢に国際通貨上の"power" の概念が議論されてきており、従来の「自分の意図通り相手を動かす」概念に対し、相手に影響されないことができる autonomy（自律性）の概念が重視されてきている。前述の米国が持つとされた exorbitantprivilege も、通貨が持つ自律性の表れ方の一つと解することができよう。

④ レバレッジ　外国が様々な形である国の通貨に依存する。より直接的なものと間接的な依存があり、前述の Kirshner は、それぞれ、エンフォースメントとエントラッ

---

[28] Benjamin Cohen "The Benefits and Costs of an International Currency : getting the Calculus Right"（Open Economics Review 23, 2012, Springer）
[29] Francis E.Warnock and Venocia Cacdac Warnock "International capital inflows and U.S .interest rates"（Journal of International Money and Finance, 28, 2009）

プメントと呼んでいる。前者の典型例として金融制裁がある。後者は、国際通貨の利用者というのは強制しなくても通貨発行者の嗜好や要求に適応することとなり、例えば中国や日本がドル債を蓄積した結果として、ある程度ドルに影響されざるを得ないという議論がある。最近では、中国が外準をドルから他へシフトさせていると言われており、この観点から中米関係を論じる意見もある。
⑤ 評判　通貨が国際的に広範に使われることは地位や威厳の源となり、ジョセフ・ナイが言うソフト・パワーを目に見える形で表すこととなる。

(2) 国際通貨化の費用
① 為替増価　通貨が国際的に使われることにより、その通貨への需要が増し、通貨の不当な増価につながるリスクが指摘されている。
② 対外的制約　自国通貨建ての債権や現金が海外で大量に保有されることにより、金融政策に一定の制限がかけられるリスクがある。一つ目のリスクは、自国通貨が売買されることに伴い変動が大きくなり、通貨の総需要関数が不安定となることで、金利や通貨の増勢などを金融政策上の目標にしていくことが困難となる。二つ目は、通貨価値に疑念が生じる場合などであり、外的要因のために国内の金融政策上の目的が犠牲となるリスクがある。
③ 政策の責任　通貨の国際化に伴う便益と引き換えに、広範な地域、または、世界的な金融秩序を支えるために一定の貢献を求められる政治的なリスクがある。例えば、昨年、米連邦準備銀行が金融緩和からのテーパリングを示唆した際、しっかりとコミュニケートしないと不測の影響を被るとのエマージング・エコノミーからの懸念にある程度応えざるを得なかったのは記憶に新しい。

3．通貨の使用状況のストックテイク

上記のような視座のもと、各通貨の使われ方の現状を以下に整理する。
(1) 経済プレゼンス
通貨のプレゼンスは長期的には経済力のプレゼンスを反映すると考えられる。経済力は軍事力維持を含めて通貨の信認を担保し、大きな国内市場と海外取引が通貨の流通を拡大する。もっとも、通貨の使用には重いイナーシア（慣性）が見られ、ポンドの凋落とドルの圧倒的地位の形成に一定の時間がかかったように、そのプロセスはあくまで長期的なものである。そう断ったうえで、最初に、経済プレゼンスの劇的な変化を示す。

図表1　G7及びBRICS各国のGDP推移

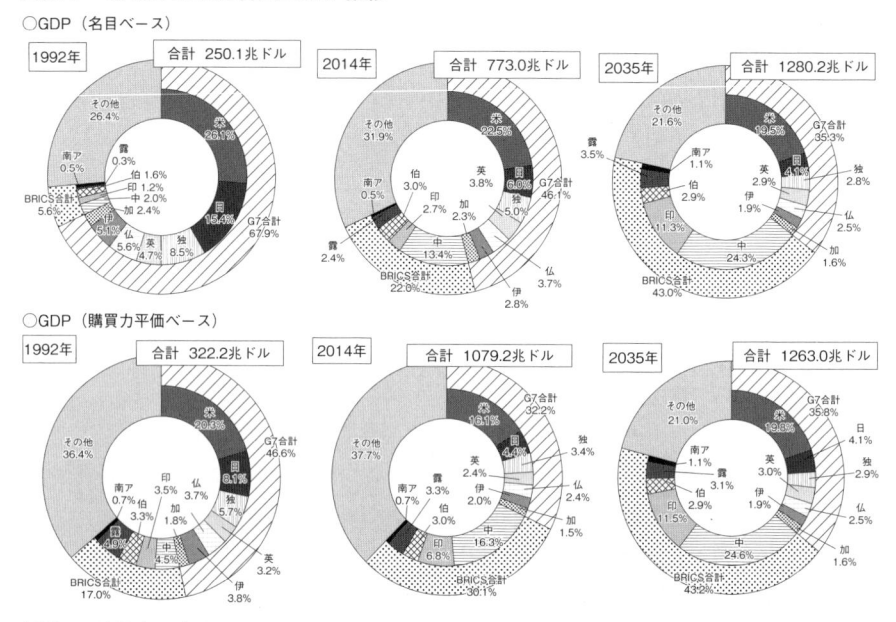

○GDP（名目ベース）

［1992年　合計250.1兆ドル］　［2014年　合計773.0兆ドル］　［2035年　合計1280.2兆ドル］

○GDP（購買力平価ベース）

［1992年　合計322.2兆ドル］　［2014年　合計1079.2兆ドル］　［2035年　合計1263.0兆ドル］

(出所) 1992年及び2014年はIMF World Economic Outlook, April 2015。2035年はOECD Economic Outlook No 95 - May 2014 - Long-term baseline projections。

① 名目GDPの世界シェア[30]

1992年には、米国26.1％、日本15.4％、独国8.5％と続き、G7で67.9％を占めた一方、ブラジル1.6％、中国2.0％等、BRICSは5.6％にすぎなかった。

これが、昨年は、米22.5％、日6.0％、独5.0％等、G7全体で46.1％と世界の半分以下に縮小した一方、中13.4％等、BRICS全体では22.0％と躍進した。中国は日本の2倍以上となった。

更に、OECDの試算[31]によると、2035年には、米19.5％、日4.1％等、G7合計で35.3％に対し、中24.3％、印11.3％等、BRICS全体で43.0％と逆転する見込みとなっている。但し、中国の成長の減速は顕著であり、新常態における過剰投資、低投資効率が齎したストック調整を経て、少子高齢化、ひいては人口減少も視野に入っており、他の国も様々な構造問題を抱え、この試算がそのまま実現する蓋然性は高くないともみられる。

---

*30) IMF "World Economic Outlook Database April 2015"
*31) OECD "Economic Outlook No 95 – May 2014 – Long-term baseline projections"

② **購買力平価（PPP）ベースの GDP の世界シェア**[32]

1992年には、米20.3％、日8.1％等、G7全体で46.6％であったのに対し、中4.5％、印3.5％、伯3.3％等、BRICS全体で17.0％であった。

ところが、昨年は、米16.1％、日4.4％等、G7全体は32.2％に縮小し、中16.3％、印6.8％等、BRICS全体は30.1％と、G7とBRICSが拮抗するに至った。既に中国が米国を抜いて世界一となり、日本は中国の三分の一を大きく下回り、インドの三分の二程度にまで低下した。

更に、OECDの試算[33]によると、2035年には、米19.8％、日4.1％等、G7合計で35.8％に対し、中24.6％、印11.5％等、BRICS全体で43.2％となる見込み。

③ **貿易額（輸出入額）の世界シェア**[34]

貿易額については、1990年にはG7合計で過半であったのに対し、露2.1％、中1.1％等、BRICS合計で僅か5.2％であった。

ところが、2013年には、米10.9％、独6.9％、日3.7％等、G7全体が33.6％まで縮小する一方、中10.1％、露2.3％、印2.2％等、BRICS全体は16.4％まで拡大している。この間、世界全体の輸出入実額が5.3倍になる中、中国の輸出入実額は48.8倍、世界シェアが9倍以上となっている。

（2） 外為市場の取引高

BISのTriennial Central Bank Survey[35]に通貨別・外為市場別の通貨取引高が示されているが、通貨別にみれば、依然として米ドル・ユーロ・円に取引が集中している一方で、人民元の取引高が顕著な伸びを見せている。人民元の取引高は、2007年には0.2％のシェアであったが、2013年には1.1％と、6年間で5倍にシェアが拡大している。いまだ取引高自体は小さいものの、人民元の国際化が進められる中、今後も更に伸びていくとみられる。

また、国別取引では、2013年にシンガポール市場が東京市場の取引高を上回ったことは特記されるべきであろう。

（3） 外貨準備の通貨割合

IMFによれば、2014年の世界の外貨準備の通貨別割合は、ドルが63％、ユーロが22％、

---

[32] IMF "World Economic Outlook, April 2015"（2015）
[33] OECD "Economic Outlook No 95 – May 2014 – Long-term baseline projections"（2014）
[34] The World Bank "World Development Indicators 2015"（2015）
[35] BISが行っている通貨の市場状況等についての包括的なサーベイ。名前が示す通り3年毎に取りまとめられており、最新のものは2013年。

図表2　外国為替市場の取引高（通貨別、国別）

各通貨取引高

(2013年4月における1営業日平均取引高)
(%)

通貨	2004年 シェア	順位	2007年 シェア	順位	2010年 シェア	順位	2013年 シェア	順位
米ドル	44.0	1	42.8	1	42.4	1	43.5	1
ユーロ	18.7	2	18.5	2	19.5	2	16.7	2
円	10.4	3	8.6	3	9.5	3	11.5	3
ポンド	8.2	4	7.4	4	6.4	4	5.9	4
豪ドル	3.0	6	3.3	6	3.8	5	4.3	5
スイスフラン	3.0	5	3.4	5	3.2	6	2.6	6
カナダドル	2.1	7	2.1	7	2.6	7	2.3	7
メキシコペソ	0.6	12	0.7	12	0.6	14	1.3	8
人民元	0.0	29	0.2	20	0.4	17	1.1	9
ニュージーランド・ドル	0.5	13	0.9	11	1.0	10	1.0	10
スウェーデンクローナ	1.1	8	1.4	9	1.1	9	0.9	11
ロシアルーブル	0.3	17	0.4	18	0.5	16	0.8	12

(注) BISの報告書においては、全体の取引高に占める各通貨の割合の合計は200％となる（為替取引は2通貨間で行われるため。）が、本表においては、便宜上、2で除したシェアを示している。

外国為替市場別取引高

(2013年4月における1営業日平均取引高)
(単位：億ドル)

市場	2004年 取引量	順位	2007年 取引量	順位	2010年 取引量	順位	2013年 取引量	順位
英国	8,353	1	14,832	1	18,536	1	27,260	1
米国	4,986	2	7,452	2	9,044	2	12,628	2
シンガポール	1,336	4	2,418	5	2,660	5	3,831	3
日本	2,074	3	2,502	4	3,123	3	3,742	4
香港	1,060	7	1,810	6	2,376	6	2,746	5
スイス	853	8	2,536	3	2,495	5	2,164	6
フランス	665	9	1,268	8	1,516	8	1,899	7
オーストラリア	1,071	6	1,763	7	1,921	7	1,817	8
オランダ	521	11	248	20	183	24	1,123	9
ドイツ	1,204	5	1,014	9	1,086	10	1,109	10
デンマーク	421	12	882	10	1,205	9	1,028	11
カナダ	593	10	640	11	619	11	648	12
ロシア	298	14	502	12	417	14	607	13
ルクセンブルク	146	20	439	15	334	15	512	14
韓国	205	17	352	18	438	13	475	15

(出所) Triennial Central Bank Survey, Report on global foreign exchange market activity in 2013, BIS.

図表3　世界の外貨準備の通貨別割合

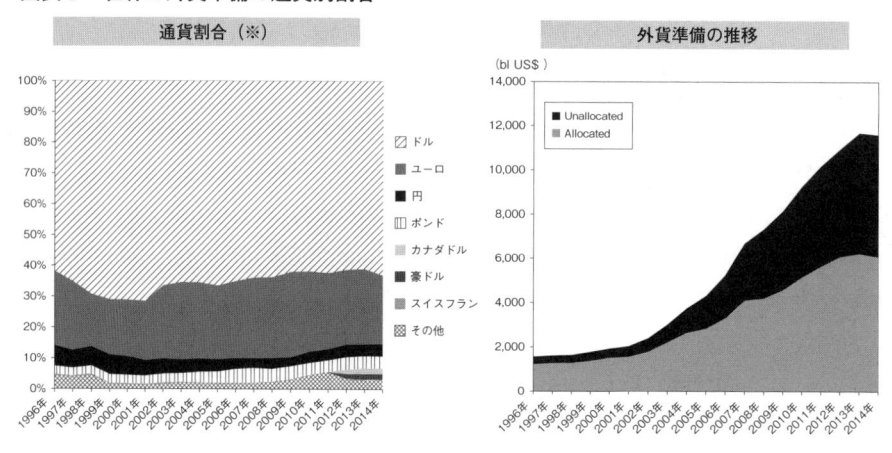

通貨割合（※）

凡例: ドル、ユーロ、円、ポンド、カナダドル、豪ドル、スイスフラン、その他

外貨準備の推移 (bl US$)

凡例: Unallocated、Allocated

(出所) IMF, COFER
※通貨配分のデータは、通貨構成の配分が明らかな外貨準備（Allocated reserves）における各通貨の割合。
　通貨割合については、2012年10～12月期分から、加ドルと豪ドルを開示。

円が4％であった。ユーロがスタートした1999年と比較すれば、ユーロが漸増、ドルは大体60％前後で安定して推移し、円は7％から4％に減少している。

また近年では、カナダドルや豪ドルのような、いわゆる「new safe haven status」とも呼ばれる通貨の保有が増加し、通貨構成の多様化の動きがみられる（但し、上記の通貨構

成は、世界全体で約12兆ドルある外貨準備のうち6兆ドルしか明らかになっていないことに注意を要する。特に、2000年代に入り、通貨構成が明らかでない外貨準備が顕著に膨らんでおり、世界の外貨準備の通貨構成が一層不明確になっていることに留意。)。

なお、ECBの分析[36]によれば、グローバルな外準シェアの変化の主因は既存資産の売却・入替ではなく、別通貨の買い入れ、特に、為替水準安定化のための介入による蓄積である。例えば、1969年から75年の間にポンドの外準シェアが25％程度から4％程度に低下したが、その間、ポンド建て外準の実額は80億ドルから60億ドルと微減しただけであり、シェア低下はブレトンウッズシステムの崩壊時の為替介入と第一次オイルショック後のオイルダラー流入により、先進国と産油国によるドル建て資産が顕著に蓄積されたためであり、ポンド資産の整理によるものではないとしている。そして、外準構成の多様化には、受動的、能動的、安定化の3類型があるところ、保有する外準試算の価値を維持するための安定化、即ち、為替相場を急変させない介入（lean against the wind）が中心であったという経験的知見を紹介している。

（4）　債券残高及び銀行債務に占める通貨割合

次に、国際的に発行された債券の残高および銀行のクロスボーダー債務に占める通貨の割合を見ると、2010年から始まった欧州債務危機等を背景に、ユーロの割合の減少が顕著である。これに比して、近年では、ドル建ての債券発行残高や、銀行のドル建て債務残高がともに増加傾向にある。

従来より、円の使用割合は高くなく、資本市場における円のプレゼンスの向上は今後の課題だろう。

（5）　支払い通貨の使用割合

SWIFTによれば、(SWIFTを経由する) 顧客送金指示や金融機関間送金指示において、依然として米ドルとユーロが高いシェアを占めており、円は4番目の通貨としてほぼ横ばいで推移している。一方、人民元が大きく伸びており、2013年1月の13位0.63％から足元5位の2.07％まで躍進している。

また、前出のECBレポート（2014）によると、人民元は、2013年10月には貿易取引（信用状の有無に関わらず、SWIFTを経由する貿易取引）の通貨として8.7％のシェアまで拡大しており、ユーロを超えてドルに次ぐ2番目の通貨となった。この点についても、SWIFT

---

[36] European Central Bank "The International Role of the Euro"（2014）p45-52

によると、直近では2015年1月に9.4%となっており、引き続きシェアが拡大している。

世界の多くの決済インフラでSWIFTが使われている一方、SWIFTを経由しない送金取引も存在するため、その意味で限定的な統計とはいえるものの、これらの統計からも、人民元の利用の拡大がみてとれる。

人民元の国際的な支払決済システムであるCIPS（China International Payment System）が本年中に稼働されるとの報道もあり、今後も支払い通貨の決済状況は予断を

図表4　債券残高および銀行債務に占める通貨割合

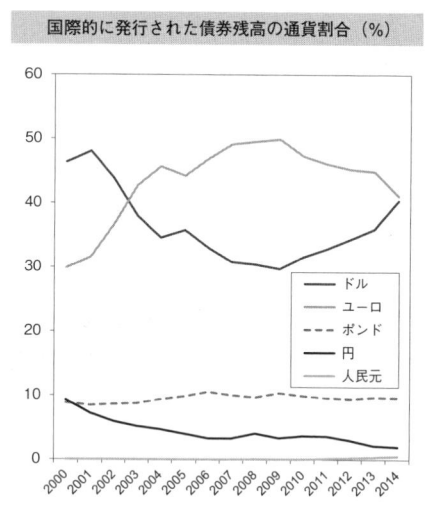

国際的に発行された債券残高の通貨割合（％）

銀行のクロスボーダー債務の通貨割合（％）

（出所）BIS, Debt Securities Statistics.

（出所）BIS, International Banking Statistics, immediate borrower basis.

図表5　SWIFT支払通貨の使用割合

2013年1月

順位	通貨	割合	順位	通貨	割合
1	EUR	40.17%	11	SEK	0.96%
2	USD	33.48%	12	NOK	0.80%
3	GBP	8.55%	13	CNY	0.63%
4	JPY	2.56%	14	DKK	0.58%
5	AUD	1.85%	15	RUB	0.56%
6	CHF	1.83%	16	ZAR	0.42%
7	CAD	1.80%	17	NZD	0.35%
8	SGD	1.05%	18	MXN	0.34%
9	HKD	1.02%	19	TRY	0.29%
10	THB	0.97%	20	HUF	0.25%

2015年4月

順位	通貨	割合	順位	通貨	割合
1	USD	45.14%	11	SEK	0.96%
2	EUR	27.36%	12	SGD	0.94%
3	GBP	7.96%	13	NOK	0.65%
4	JPY	2.73%	14	DKK	0.55%
5	CNY	2.07%	15	PLN	0.53%
6	CAD	1.90%	16	ZAR	0.44%
7	AUD	1.77%	17	MXN	0.38%
8	CHF	1.49%	18	NZD	0.38%
9	HKD	1.48%	19	TRY	0.33%
10	THB	1.02%	20	RUB	0.23%

（出所）SWIFT, RMB Tracker（April 2015）, "RMB as world payments currency in value".

許さない。

（6） 金融政策のアンカーとしての機能

IMFによると、対ドルレートを金融政策のアンカーとして使用している国は、2008年の金融危機以降、33％から22％程度に減少していることがみてとれる。

一方、「その他」に分類されている国・地域が2008年の6.4％から2014年には22.5％に拡

図表６　金融政策のアンカーとしての対ドルレート

金融政策の枠組みと為替のアンカー（2008年～2014年）
（IMF加盟国・地域（2014年4月30日時点）の中で占める割合）[1]

	米ドル	ユーロ	通貨の組合せ	その他の通貨	マネーサプライ	インフレ・ターゲット	その他[2]
2008 [3]	33.0	14.4	8.0	3.7	11.7	22.9	6.4
2009 [3]	28.7	14.4	7.4	4.3	13.3	15.4	16.5
2010 [4]	26.5	14.8	7.9	3.7	13.2	16.4	17.5
2011 [5]	25.3	14.2	7.4	4.2	15.3	16.3	17.4
2012 [5]	22.6	14.2	6.8	4.2	15.3	16.8	20.0
2013	23.0	14.1	6.8	4.2	13.6	17.8	20.4
2014	22.5	13.6	6.3	4.2	13.1	17.8	22.5

(出所) IMF Annual Report on Exchange Rate Arrangements and Exchange Restrictions (AREAER) database.
1/188のメンバー国と3地域（アルバ島及びキュラソー島、シント・マールテン島（以上、オランダ領）、並びに香港特別行政区（中国））を含む。
2/名目アンカーは明示されていないが、その代わりに、金融政策を実施する際に様々な指標をモニターする国を含む。このカテゴリーは、関連する情報が入手できない国も含む。
3/コソボ共和国、ツバル及び南スーダン共和国は含まない（それぞれ、2009年6月29日、2010年6月24日、2012年4月18日にIMFに加盟。）。
4/ツバル、南スーダン共和国は含まない（それぞれ、2010年6月24日、2012年4月18日にIMFに加盟。）。
5/南スーダン共和国は含まない（2012年4月18日にIMFに加盟。）。

図表７　新興国通貨の位置づけ

Table 1. International Currency Status: A Score Board [1]

AE currencies	USD	Euro	Yen	Pound	SWF	AUD	CAD	NZD
Widely used as international reserves	●	●	●	●	●	◐	◐	◐
Widely used in capital and trade payments	●	●	◐	◐	○	◐	◐	◐
Widely traded in FX markets	●	●	●	●	◐	◐	◐	◐
Economic size	●	●	●	●	◐	◐	◐	◐
Trade network	●	●	●	●	◐	◐	◐	◐
Investability [2]	●	●	●	●	●	●	●	●
Capital account openness [3]	●	●	●	●	●	●	●	●
Financial depth index [4]	●	●	●	●	◐	◐	◐	○
EM and NIE currencies	HKD	Won	SGD	RMB	Real	Rupee	Ruble	Rand
Widely used as international reserves	○	○	○	○	○	○	○	○
Widely used in capital and trade payments	○	○	○	○	○	○	○	○
Widely traded in FX markets	●	◐	◐	○	○	○	○	○
Economic size	○	◐	○	●	◐	◐	◐	◐
Trade network	◐	◐	◐	●	◐	◐	◐	◐
Investability [2]	●	◐	●	◐	◐	◐	◐	◐
Capital account openness [3]	●	◐	●	○	◐	○	◐	◐
Financial depth index [4]	◐	◐	◐	●	◐	◐	◐	○

1/ "●" criteria fully met; "◐"patially met; "○"not met.
2/ "●" Based on sovereign risk ratings "A" or above by Moody's and S&P.
3/ Based on Chinn and Ito "Capital Account Openness Indicator, 2008"
4/ Country contributions to global financial depth , "●" for top five contributors.

(出所) Maziad, Faramand, Wang, Segal, and Ahmed, 2011, "Internationalization of Emerging Market Currencies: A Balance between Risks and Rewards," IMF Staff Discussion Note 11/17.

大しており（特に2008年から2009年にかけては約10％と大きく拡大）、金融危機を経て、金融政策を実施する際に様々な指標をモニターする国が増加したものと推察される（その他の具体的な内容・詳細は不明）。

（7） 新興国通貨の位置づけ

2011年、IMFのスタッフは、「新興国通貨の国際化」と題するペーパーを出したが、ここで、米ドル、ユーロ、円および英ポンドは、「外貨準備」、「支払い」および「外国為替市場での取引」という点で「国際通貨」の基準を満たしているとされているが、人民元をはじめとする新興国通貨は、いずれにおいても、まだ「国際通貨」としての地位を得るには至っていないとの評価を下している。

多くの新興国についてはこの状況はあまり変わっていないと思われるが、人民元については、中国当局が急激に人民元の国際化推進政策を採っている中、今後、新たな評価が下される可能性は否定できない。

4．円の国際化と現地通貨

ここでは、円の国際化とアジア現地通貨の関係についてまとめたい。

（1） 円の国際化の経緯

前述の通り、円の利用拡大に向けた取組みは、1983年の外為審での議論の開始に端を発する。その後、オフショア市場の創設等を経て、その後1998年に、金融ビッグバンの一環として外国為替及び外国貿易法の大改正が行われた。

足元でも、JBICによるGATEの設立、日本銀行による新日銀ネット全面稼働に伴う稼働時間の拡大などが、円の国際化に資する取組みとして行われている。昨年末には、金融・資本市場活性化有識者会合の提言を受け、全国銀行協会が24時間365日の全銀システム構築にコミットした。これは、決済インフラの高度化、ひいては経済の活性化と国民生活の向上を図るため、銀行振込の中核システムである「全銀システム」の24時間365日稼動を実現させることにより、世界最先端の決済サービスを提供することを目的とするものである[37]。稼働時間の拡大によって、決済は一層円滑化することとなる。特に稼働時間

[37) 詳細については、一般社団法人全国銀行協会「全銀システムのあり方に関する検討結果について」を参照されたい。

がほかの大陸（特に、欧州時間の午前）とオーバーラップするというメリットは計り知れない。

　決済の分野では、欧州やシンガポールで株式のT+1決済への移行が進んでいるほか、香港が香港ドル・米ドル・ユーロ・人民元のRTGS決済を実現するなど、金融センターの決済インフラ競争が著しい。

　また、クロスボーダー証券投資の分野でも、ABMIにおいて、将来的に証券決済（CSD）と資金決済（RTGS）を二国間で接続する方向に合意しているが、日銀と香港HKMAが専門家間の議論をリードしている。

　他方、日本の貿易建値通貨の構成に目を向けると、円建ての割合は、輸出で4割弱、輸入で2割ほどに留まっている。地域別では、アジア向けの輸出については多少円建てが多いが、それでもドル建てよりも少ない。そして、輸入は圧倒的にドル建てが多いというのが現実である。

　このような中、「円の国際化」の議論自体は、円の国際化推進研究会が報告書をとりまとめた2003年以降はやや議論が下火になっていることは否めない。

（2）　輸出インボイス通貨の選択とアジア現地通貨

　アジア現地通貨の使用状況を見る上で、まず輸出インボイス通貨の選択のビヘイビアについて分析した伊藤・鯉渕・佐藤・清水論文[*38]に触れるのは有益であろう。ここに論文の要約を引用する。

① 　インボイス通貨選択は企業内貿易もしくは企業間貿易といった取引経路に大きく依存している。企業間貿易では円建て取引、企業内貿易では相手国通貨建て取引が選択される傾向が顕著である。つまり、企業内貿易において相手国通貨を選択することによって、グループ内企業の為替リスクを日本の本社が集約・管理している。同様に、アジア現地法人向け輸出では、ドル建て取引が選択されている。

② 　企業規模が大きい（小さい）ほど、企業内（企業間）貿易を行う傾向が顕著であり、企業規模とインボイス通貨選択に強い相関をもたらしている。

③ 　企業数では円建て取引がドル建て取引を上回るものの、企業規模によってウェイト付けした場合、ドル建て取引は円建て取引を凌駕する。これは、日本の大規模企業はグローバルな生産販売構造を構築していて、特にアジア生産拠点から米国市場を仕向け先とする「三角貿易」の取引経路において、ドル建て取引の選択が支配的である

---

*38）伊藤隆敏、鯉渕賢、佐藤清隆、清水順子「日本の輸出インボイス通貨選択：企業サーベイデータによる実証分析」（2013年）

ことに起因している。

また、主な政策的インプリケーションとして、以下が挙げられている。
- 世界市場でトップシェアを占めるような製品競争力があり、製品差別化の度合いの高い財にシフトさせることが重要
- 日本の本社と海外現地法人の間の貿易がドル建てや国際通貨である相手国通貨建てで取引されるのは合理的なインボイス通貨選択である
- アジア新興国が現在の厳格な為替・資本規制を自由化して通貨の国際化を進めていけば、いずれは日本企業のアジア向け輸出における相手国通貨建て取引を促進する可能性があること

最後の点からやや敷衍して、貿易取引上扱っている外国通貨の為替リスク管理上の問題点について述べれば、依然としてアジア通貨は資本規制・為替取引規制を原因として取引を忌避される傾向にある。例えば、最も忌避されているのは本論文によれば中国人民元、その次が韓国ウォンである。

他方、今後アジアの中間層が育ち、アジアが「製造拠点」から「最終消費市場」へと発展していけば、最後の売り先がアメリカではなくアジアとなるため、アジアの現地通貨や円がより利用されていく可能性が出てくるだろう。

（3） 日本政府の取組み

こうした状況で、円やアジア現地通貨の利用を拡大するため、日本政府は様々な取組みを進めてきた。というのも、アジア通貨危機の反省に基づき、「通貨（外貨と自国通貨）」と「期間（借入が短期、貸付が長期）」の二重のミスマッチを解消し、アジアにおける貯蓄をアジアに対する投資へと活用することは、日本を含むアジアの安定的な経済発展につながるからである。こうした観点から、前述の現地通貨建て債券市場を促進するABMIを推進してきた。

他にも、通貨スワップ取引に対する保証、現地通貨建て債券市場の発展支援、イスラム金融の発展支援を行ってきている。さらには、邦銀が日本国債または円を担保として現地通貨建て資金を調達できる取極めの構築にも取り組んでおり、また、前述のGATEもこうした取組みの中に位置づけられる。

他方、中国と各国の金融協力に目を向けると、直接交換取引、人民元建て債券の発行、RQFII枠の付与、人民元クリアリング・バンクの設置などの分野で、日本は他国と比して遅れている現状があるが、昨年の日中首脳会談や麻生財務大臣と楼財政部長との面会を契機に、日中金融協力の動きが活発化しており、キャッチアップの動きもみられる[*39]。

前節でみたアジア通貨のより広範な使用につながる資本規制・為替取引規制の緩和は、

基本的に当該通貨を発行している通貨当局の政策判断によるものであるが、より危機への耐性が強い金融・資本市場のインフラをアジア地域に構築し、二国間金融協力によりお互いの通貨の活用を促進していくことにより、徐々にしかし確実に緩和が進んでいくことを期待したい。

5．開発政策・経済協力と通貨

　次に、開発途上地域へのインプリケーションをみる観点から、開発政策・経済協力の現場における通貨のトレンドについて少し触れたい。

　世界銀行（IBRD）やアジア開発銀行（ADB）等の国際開発金融機関が途上国への投融資を行う上で選択している通貨を見ると、IBRDとADBのいずれにおいても円の占める比率が低下し、ドルの割合が8割から9割程度占めている[40]。

　この背景にはIBRDやADBの通貨管理政策の変更がある。1990年代までは、貸し手であるIBRD等が、資産負債管理（asset-liability management）の観点から、自ら調達した通貨（負債側通貨）を基に貸出・返済通貨（資産側通貨）を指定していた[41]が、次第に借入国の債務管理における為替リスクの意識が高まり、途上国側から自ら借入通貨を選択したいとの声が強まった。

　このような動きを受け、1990年代後半以降、国際開発金融機関（MDBs）の側も、借入国自身が融資を受ける際の通貨を選択できるように制度変更を行うとともに、自らのバランスシートの資金管理についてはすべてドル建てで行うことになった。

　すなわち、別通貨によるエキスポージャーは、ドルへの通貨スワップ等を通じて、すべてドルへのエキスポージャーへと換えることになった[42]。

　上記の政策変更以降、借入国は、冒頭で述べたドル化の進展も相まって、調達などで活用できるドルを選好し、MDBsにおける円建て貸付の比率は年々減少した。途上国の観点からは、円建ての借入は、日本企業が調達で受注する場合が多いと考えられるが、近年は、MDBsの貸付が絡む案件で日本企業の調達率が低水準で推移していることに加え、日本企業が調達に参加しても必ずしも円を選好するわけではないことが、円を選択しなかった要

[39) 我が国においても、2015年6月24日には、東京市場において初めて人民元建て債券（三菱東京UFJ銀行、3.5億元、私募）が発行された。
[40) 各年のIBRD "Financial Statements" 及びADB "Financial Reports" より試算。
[41) 白鳥正喜「世界銀行グループ途上国援助と日本の役割」（1993）
[42) World Bank "Annual Report 1997"（1997）

因と考えられる。

　他方、MDBs の借入通貨についても、近年は円建ての普通社債の発行はほとんど行われていない。これは、近年の日本の低金利環境の中では、ソブリンよりも信用格付けが高い MDBs にとっては、理論上極めて低い金利しか設定することができず、結果として、投資家を引き付けることが困難となったことによるものである。なお、円建ての普通社債の発行はほとんど行われていない一方で、日本での世銀債の発行実績は大きい。これは、日本の個人投資家が為替リスク等を取りに行っていることによるものである。

　上記のように、MDBs でその出口においても、入り口においても円の占める割合が減少してきている。その国際的な潮流の中で、日本の経済協力においても、スワップによる円借款のドル建てでの返済や現地通貨建て融資制度を導入することとなったのは前述のとおりである[43]。

6．SDR

　最後に、国際通貨システムを鳥瞰する観点から、SDR について述べたい。

　SDR は、いうまでもなく、基軸通貨国の大幅な国際収支赤字が国際通貨システムを不安定化させるという所謂「トリフィンのジレンマ」[44]を解消するための一方策として、1969年に金やドル等を補完するために創設された公的準備資産である。

　その後、主要国通貨の変動相場制への移行に伴い、1974年に SDR の価値や金利はその構成通貨の加重平均によって決定されることとなり（通貨バスケット制）、構成通貨の選定が SDR の性質を考える上で極めて重要となった。この点、SDR の公的準備資産としての魅力を高めるため、国際的な取引に使用されている代表的な通貨で構成されるという原則が確立されている。1980年以降、米ドル、日本円、マルク、フラン、ポンドの5通貨で構成され、1999年のユーロ発足を受けて4通貨となったが、構成通貨は実質的に約35年間にわたって変わらぬまま今に至っていると言えよう。

　構成通貨の要件は、2000年により精緻化され、①過去5年間の物品・サービスの輸出額が最大規模の加盟国・地域の発行通貨であること、②国際取引上の支払いを行うために現

---

[43] 拙稿「海外経済協力の包括的改革について」（ファイナンス2014.2）参照。
[44] イェール大学のロバート・トリフィン教授が提唱。金ドル体制と呼ばれる金為替本位制には、「流動性ジレンマ」とよぶべき矛盾があり、具体的には、特定国の通貨であるドルを世界の準備通貨として用いている限り、米国の国際収支が赤字にならなければ国際流動性は供給されず、そのために米国の国際収支の赤字が続けばドルに対する信認が失われ、準備通貨としての条件に欠けることになるという主張。

に広範に使用され、かつ、主要な為替市場において広範に取引されているとIMFが認める「自由利用可能通貨」であることが必要とされた[45]。今年、5年に一度行われる構成通貨の見直しに当たっても、この要件に従って検討が行われるものと考えられるが、人民元がこの要件を満たし、SDR構成通貨に加わるかどうかが大きな関心を集めている。

　SDR構成通貨入りは、いわば国際的な通貨としての「お墨付き」と同一視される場合も多いが、IMFにおいて一般的に行われているSDR取引の形態は、SDR保有国が、IMFの仲介を受けて加盟国の保有する自由利用可能通貨と自国のSDRを交換するというものであり、SDRそのものが通貨としてIMFの外部で使用されるわけではない。

　確かに、SDRの活用拡大についての議論は従来からなされている。例えば、1970年代には、IMF内において加盟国の外貨準備の一部をSDR勘定に振り替える代替勘定の構想が検討され[46]、2007年にピーターソン国際経済研究所のバーグステン氏も代替勘定の活用を主張している[47]。またIMFの資金調達手段としてSDR建て債券も発行されるなど公的部門での活用を試みる動きは見られる[48]。しかし、公的部門における準備資産としての使用も限定的な範囲に留まっており、民間部門での活用には決済インフラの整備など更にハードルは高く、現状では単に計算単位に過ぎないとの見方も強い。

　人民元のSDR構成通貨入りが国際的に注目されるに至ったのは、2008年以降の世界経済・金融危機がきっかけと言える。人民銀行の周小川総裁は2009年3月に「国際通貨体制の改革」[49]と題する論文を発表し、準備通貨を一国の通貨、すなわちドルに依存することは、米国の国内金融政策と他国のドルの国際流動性に対する要請との間のジレンマを生じさせており、「トリフィンのジレンマ」は現在もなお存在すると指摘した。その上で、SDRはそのジレンマに対する国際通貨システム改革の重要なヒントとなっていると述べ、SDRの役割強化の必要性を指摘すると同時に、SDRの構成通貨の拡大を提言した。この提言の翌年に当たる2010年に行われたSDR構成通貨の見直しでは、人民元は国際的に「広範に使用・取引」されていないとして構成通貨入りは見送られたが[50]、その後、先にも述べた通り、中国は人民元の国際化を加速している。

　こうした中で、今年3月に人民銀行の易綱副総裁は「人民元がSDRに採用されること

---

[45] IMF "Review of the Method of Valuation of the SDR" (2000)
[46] IMF "Evolution of The SDR: Paper Gold or Paper Tiger?" (Silent Revolution : The IMF 1979-1989, October 2001,Chapter 18)
[47] Bergsten, Fred, "How to Solve the Problem of the Dollar" (December 11, 2007, Op-ed in the Financial Times)
[48] 2011年以降発行実績はない。
[49] Zhou Xiaochuan "Reform the international monetary system" (2009)
[50] IMF "Review of the Method of Valuation of the SDR" (2010)

には少しも疑問がない」と明言し[*51]、同月ラガルド IMF 専務理事が「採用されるかどうかの問題ではなく、いつ実現するかという問題だ」と応じるまでに至っているのは前述の通りである[*52]。一方、米国のルー財務長官は「基準を満たすには一段の自由化と改革が必要であり、我々はそうしたプロセスを完了するよう促している」と発言しており[*53]、人民元の SDR 構成通貨入りには、中国当局の更なる改革努力が必要であると示唆している。日本の視点から見ても、貿易や直接投資といった観点での関係深化は進んでいるものの、機関投資家による中国本土への証券投資や日本から中国国内への人民元の持込み、邦銀の銀行引受などについて規制が存在するなど資本勘定取引は限定されており、国際的に「広範に使用・取引」されていると言えるかは疑問が残る面もある。周総裁自身も、資本勘定の自由化を含め、人民元をより自由に使用可能な通貨とするために改革に取り組んでいく意向を示している[*54]。

IMF による SDR 構成通貨見直しの検討は本年後半にかけて本格化する予定であり、人民元の SDR 構成通貨入りについても今後 IMF が提供するデータ等に基づいて、既存の基準に則った技術的な検討が必要となる。しかし一方で、今回の SDR 構成通貨見直しの機会をテコに、中国当局が資本勘定の自由化をはじめ改革に取り組み、更に改革が着実に実施されることは、国際通貨システムひいては世界経済にとっても有益であると言える[*55]。今後、人民元の SDR 構成通貨入りに際して必要な改革について議論を深めていくことも重要になってくると考えている。

7．結びに代えて

Adam Posen は、国際金融システムの分断化はライバル通貨への円滑なシフトよりもドルの失敗から惹起するのではないかと予言している。そして、米軍の戦略ミスといったものが他国のドル依存の嗜好を溶解していく可能性も示唆している[*56]。

これが正しいかは誰にも判らないが、通貨の将来が、国の総合力や世界の政治・経済・軍事パラダイムといった様々な要素の複雑な変数であることは明らかである。

---

*51) 2015年の全国人民代表大会後の周総裁の記者会見に同席した易副総裁の発言が報じられている（毎日新聞、2015年3月12日）。
*52) Reuters, 20 March, 2015. 前掲。
*53) 中国訪問後、サンフランシスコでの講演での発言が報じられている（Reuters, 3 April, 2015）。
*54) Zhou Xiaochuan（2015）前掲。
*55) IMF "Criteria for Broadening the SDR Currency Basket"（2011）
*56) Adam Posen "Why the Euro will not rival the Dollar"（International Finance 11：1, 2008）a

また、ドル、ユーロ、円以外のプレイヤーの動向も複雑に関係してくる。近い将来にかけて、新興国の成長が、成熟した先進国の成長をオーバーパフォームし続ける可能性が高い。その経済・金融・政治のダイナミクスが、国際金融に更に変化を求めていくという状況にも着目する必要がある。人民元の国際化が我々に突きつける問いも、そのような広い視座で考える必要があるだろう。

　通貨の利用割合を機械的に上げることを目的に、各種の規制を改革すれば事足れりということは断じてない。いま必要なのは、通貨のプレゼンス、国際金融市場における東京市場のプレゼンス、世界及びアジアの国際金融市場の安定、アジアに広がる地域金融協力ネットワーク等、様々な課題をトータルに考える複眼的な思考である。

　我が国が、自らの繁栄と名誉ある国際貢献のために、何をすべきか、引き続き考えてまいりたい。

第3部

市場改革の最先端
(金融版成長戦略)

第1章
金融・資本市場活性化について
― 金融・資本市場活性化に向けての提言 ―

1．経　緯

　「成長戦略の当面の実行方針」[*1]において、「家計の金融資産を成長マネーに振り向けるための施策をはじめとする日本の金融・資本市場の総合的な魅力の向上策や、アジアの潜在力の発揮とその取り込みを支援する施策について、年内に取りまとめを行う」こととされた。
　これを受けて、伊藤隆敏（東京大学大学院経済学研究科教授）、岩間陽一郎（日本投資顧

[*1] 平成25年10月1日　日本経済再生本部決定。

問業協会会長)、奥正之(三井住友フィナンシャルグループ会長)、小島順彦(三菱商事取締役会長)、斉藤惇(日本取引所取締役兼代表執行役グループCEO)、吉野直行(慶應義塾大学大学院経済学研究科教授)(五十音順。敬称略)をメンバーとする有識者会合が組織され、活発な御議論を頂いた。議論には、麻生太郎副総理兼財務大臣兼内閣府特命担当大臣、坂根正弘小松製作所相談役や中曽宏日本銀行副総裁等も参加された。幹事の労は伊藤教授が取られた[*2]。

極めて活発な議論の結果、12月13日に下記のような提言[*3]が取りまとめられ、麻生副総理に報告された。

本会合の今後については、提言の進展状況をフォローアップすると共に、更なる施策を検討し積極的に講じていくべく、来年以降も引き続き必要な具体的施策の検討を続けていくこととされた。

2. 基本認識と戦略

(1) 日本経済は、アベノミクスにより、企業・家計の成長期待を定着させ、デフレが固定化された「悪い均衡」を脱して、持続的な経済成長をもたらす「望ましい均衡」へ跳躍・回帰する過程[*4]にある。

この経済再生に向けた動きを、「望ましい均衡」に基づく持続可能で活力ある日本社会の確立という次のステージにつなげ、「成長戦略」を深化させるためには、人口減少・高齢化といった構造的な課題にも目を向けることが不可欠であり、

① 労働力人口の減少が進む中、一人当たりの生産性・企業の競争力の向上、
② 家計の貯蓄率の低下・貿易収支の低迷が見込まれる中、これまで築いてきた資産の有効活用、
③ ヒト・モノ・カネ・情報のすべての面において、海外への進出・日本市場への呼込

[*2] 金融庁総務企画局政策課・企画課と財務省国際局開発政策課が共同事務局を務めた。
[*3] 提言の全容は、大部のため、財務省ホームページ (http://www.mof.go.jp/about_mof/councils/kinyuukaigou/report/index.html) を参照。ここに、提言の概要と具体的施策を併せて掲載。紙面の限界で本稿は舌たらずであり、関心のある方は、是非、提言本文をお読み頂きたい。
[*4] 換言すれば、デフレ化では、「デフレ(価格下落)→元本保証資産が有利→成長マネー(リスクマネー)供給不足→デフレ→…」という悪循環の縮小均衡メカニズムが存在。これを、「デフレ脱却→資金の目減りを回避するためのリターンが必要→成長分野への投資→デフレ脱却→…」という好循環の拡大均衡メカニズムに移行させていく過程。

みを促進し、成長力のある海外と一体的に日本経済・社会が成長・発展していくことが求められる。

（2）翻って、我が国の金融システムは、リーマンショック後も健全性を保持しており、日本経済が上記の「望ましい均衡」への跳躍を確実に果たし、その下で活力ある社会を維持していく上でも積極的な役割を果たすことが求められている。即ち、金融・資本市場についても、「第三の矢」の一環として、潜在成長力の引上げに向けた次のような構造改革を進めていく必要がある。

① まず、家計金融資産や公的年金等の資金が今後、デフレ脱却の中で資産の目減りを抑えつつ、リスクマネーや成長資金の提供に向かうことが期待されるが、各般の施策を通じてこのような動きを確実なものとしていくことが必要である。

② また、現在、本邦企業や金融機関が、アジア経済が急速に発展する中、積極的にアジアをはじめとする海外へのビジネス展開を図っており、我が国がアジア各国の潜在力の発揮を金融面から最大限サポートし、アジア地域全体の市場機能の向上とアジア経済の発展に貢献するとともに、我が国経済や金融・資本市場がアジア経済と一体的に発展していくため、本邦企業がアジア各国でビジネスを行っていく上で必要な環境整備を行っていくことが重要である。併せて、海外からの我が国への投資を促し、日本経済の高度化・競争力強化につなげる取組みも必要である。

③ 同時に、本邦企業は、アジア各国等の企業が急速に競争力を高めている中で、自らの経営構造変革や産業構造の変革などを通じてより一層競争力強化を図ることが必要である。リスクマネーや成長資金の提供の観点からは、企業部門が投資対象として一層魅力を高めるとともに、金融仲介や資産運用の担い手が多様で魅力ある金融商品・サービスを提供することが期待されており、こうした観点からは、金融機関や専門家による魅力ある企業群を発掘・育成する目利き能力・コンサルティング能力、金融機関の高品質な商品・サービス提供能力、機関投資家・運用機関の運用力といった、いわば総合的な「金融力」を飛躍的に高めるための施策を戦略的に講じる必要がある。また、我が国におけるアジアとの一体的な成長を実現する観点からは、我が国の産業や企業の活発かつ健全な新陳代謝を前提に、アジアへの積極的な事業展開が行われ、同時に、我が国の産業や企業の競争力や経営力について海外からの信頼を得ることが重要である。

④ 更に、このように資金の流れを変え、我が国金融・資本市場が世界的に魅力のあるものとなるためには、金融規制等の見直しにとどまらず、機関投資家や金融機関をはじめとする各界において高度な専門性や国際性をもった高度人材の育成・確保を進

め、同時に、我が国金融・資本市場を取り巻く各般のビジネス環境・生活環境を国際的に魅力あるものとしていく必要がある。こうした「社会的土台」を含む改革は、我が国金融・資本市場が国際競争力を向上させる観点からも極めて重要である。

（３）もとより、我が国が国際競争力を維持・発展させていく上で、強みとなるのは「ものづくり」である。金融・資本市場における成長戦略の検討にあたっては、単に金融機関等が実体経済に対し、資金供給等を行うのみではなく、付加価値の高い目利き能力やコンサルティング能力などを発揮し、それを受けてものづくりを始めとした実体経済も付加価値を生むという、こうしたプロセスを通じて金融機関等と実体経済がともに成長していく、いわば「車の両輪」の関係を実現することが重要であり、実体経済の発展を伴わない金融ビジネスの活性化は持続的な成長にはつながらないことに留意が必要である。

また、我が国財政は、債務残高が経済規模の２倍程度に達しているなど、非常に厳しい状況にある。こうした中、財政の持続可能性の確保が、国債市場の安定を維持しつつ、成長マネーの供給を促し、物価安定の下での持続的な成長を実現していく上でも一層重要であり、こうした観点からも、財政健全化に向けて粘り強く取り組んでいくことが重要である。

（４）これまでも、金融・資本市場改革の取組みは幾度も行われてきたが、デフレ予想が根強く固定化されている状況下、十分な成功を収めてきたとは言い難い。しかし、まさに今はインフレ期待の醸成により、資金運用面でリスクテイクの合理性が高まり、同時に資金需要面では国内外でのインフラ整備需要等が強く認識されている。今こそ真の金融・

資本市場の活性化へ向けた好機と捉えられる。

　また、2020年の東京オリンピック・パラリンピック招致決定等により、内外の日本経済に対する期待と注目は、近年になく高まっている。

　今こそこのチャンスを活かし、例えば「2020年までに国際金融センターとしての地位を確立する」（2020年に主要な国際金融センターとして、アジアにおいてナンバーワンの位置を占めることを目指す）との目標を掲げた上で、それぞれの課題分野における2020年の姿を想定し、その実現に向けて、戦略的かつ大胆に施策を講じていくことが重要である。

（5）上記のような視座に立ち、
① 豊富な家計資金や公的年金等が成長マネーに向かう循環の確立（いわゆる「眠っている」とされる資金の活用）
② アジアの潜在力の発揮、地域としての市場機能の向上、我が国との一体的な成長
③ 企業の競争力の強化、起業の促進
④ 人材育成、ビジネス環境の整備等

の4つの分野について、それぞれ、1）2020年の姿を想定した上で、2）直ちに着手する新規具体策と、3）次のステップとして中期的に取り組むべき課題を明記し、2020年までの7年間で取り組むべき施策を整理しているが、紙面の関係で主なもののみ挙げると下記の通りである。

3. 具体策

（1）豊富な家計資金や公的年金等が成長マネーに向かう循環の確立（いわゆる「眠っている」とされる資金の活用）

① 家計がライフサイクル等に応じた資産形成を行える環境の整備

［考え方］デフレから脱却し、「望ましい均衡」への確実な転換を図るべく、1,600兆円に迫る家計金融資産[*5]や公的年金等の資金が適切に運用され、リスクマネーや成長資金が提供されるようにするための施策を講じ、国民資産の形成に寄与させていくことが重要である。

＊5）我が国の家計金融資産は現預金等の比率が高く、株式等・投資信託の比率は欧米諸国より遙かに低い10％程度であり、80年代のバブル発生前（平均20％程度）も下回る。

［2020年の姿］　少子高齢化が急速に進展する中で、家計がライフサイクルを踏まえ、世代に応じた資産形成（リスクテイク）を行う社会を目指す。また、世界の機関投資家や高度金融専門人材が我が国に集まり、質・量共に高い運用が行われ、ひいては経済成長を支える構造を確立することを目指す。

［直ちに着手すべき主な施策］
○<u>少額投資非課税制度（NISA）</u>―普及促進に向けた取組みを継続するとともに、口座を開設する金融機関の1年単位での変更を可能とするなどの利便性の向上を図る。さらに、投資家の裾野を広げ、成長資金の供給を拡大する観点から、措置の実績や効果の検証等を踏まえ、引き続き検討。
○<u>投資信託等</u>―若年者から高齢者に至るまでのライフサイクルに適合した商品の開発・普及促進。短期間での商品乗換えによる販売手数料収入重視の営業を見直し、運用に係る透明性向上とともに、投資家のライフステージを踏まえ、真に顧客の投資目的やニーズに合う、個人投資家の利益を第一に考えた商品の開発・普及促進に向けた取組みを強力に推進。
○<u>年金積立金管理運用独立行政法人（GPIF）等</u>―「公的・準公的資金の運用・リスク管理等の高度化等に関する有識者会議」による提言[*6]を踏まえ、必要な施策に速やかに取り組む。特に、高度な運用やリスク管理を担う専門性の高い人材の確保について必要な措置を速やかに実行。
○GPIF等の運用対象の拡大―<u>日本政策投資銀行（DBJ）のノウハウを活用した海外年金ファンドとの共同投資</u>を展開。また、<u>国際協力銀行（JBIC）</u>等において、GPIF等による投資も念頭に置きつつ、インフラ案件等に係る債権の流動化等の検討を行い、その検討も踏まえつつ、<u>GPIF等において人材の確保も図り、運用対象拡大の検討</u>を推進。
○<u>JPX日経インデックス400</u>[*7]―連動商品の開発・普及に向けて、公的・準公的資金を含む幅広い投資者により積極的に活用。
○<u>インサイダー取引規制の見直し</u>―上場会社の役職員等による持株保有を促進するよう見直し。

[*6] この報告書（2013年11月20日公表）では、運用の見直しやリスク管理体制等のガバナンスの見直し等を提言。
[*7] 2014年1月に算出開始。投資者にとって投資魅力の高い企業で構成。

［次の段階における主な施策・課題］
○ NISA の普及における経験を踏まえ、更なる個人の投資リテラシーの向上や投資促進策を検討
○年金制度全体の在り方の検討に則した私的年金の見直し
○真に顧客の投資目的やニーズにあった投資信託の開発・普及促進
○ GPIF 等の運用・ガバナンス体制整備に向けた速やかな取組み
○銀行、証券、保険、資産運用など業界横断的な金融経済教育の加速

② **市場環境・市場の魅力の向上等**

［考え方］家計金融資産や公的年金等の資金が投資に向かう中、我が国市場の量的・面的拡大や魅力の向上を図り、好循環を惹起させることが重要である。

［2020年の姿］　東京市場が他の主要な金融センターに比肩し得るほどに多様な資金調達ニーズに応えるとともに、内外の投資家が多様な投資対象をタイムリーに見つけ得る厚みのある市場を構築する。例えば、インフラファイナンスは、今後アジア等の新興国において大きな資金需要が見込まれるとともに、我が国においても各種インフラ整備や、高齢化社会に対応したヘルスケア施設の質・量両面での充実を図るために有効であり、厚みのあるインフラファイナンスの市場を整備し、民間金融セクターにおいて活発に取り組まれる状況を目指す。その中で、日本取引所グループについては、総合取引所として内外の多様な企業の株式等の金融商品やそのデリバティブ・商品デリバティブを取り扱い、内外の多様な投資家を惹き付ける、アジアにおけるナンバーワンの市場としての地位確立を目指す。

［直ちに着手すべき主な施策］
○総合取引所の実現[*8]―早期実現に向けて取り組む。
○市場への資金供給拡大策―東証による上場インフラファンド市場の創設とそのための制度面での支援、JPX 日経インデックス400連動商品の開発・普及促進の推進、PPP・PFI の活用、インフラファンドやヘルスケア REIT の組成に向けた環境整備、JBIC 等における債権流動化等の促進を実施。
○東証の取引時間―拡大に取り組む。
○国際会計基準（IFRS [*9]）―我が国における IFRS の任意適用の着実な積上げを図る

[*8)]「規制改革実施計画」（2013年6月14日閣議決定）においても言及。

とともに、IFRS策定への我が国の意見発信を強化。
○外貨準備—為替市場等への影響も考慮しつつ、外部の運用機関に運用を委託し民間の知見を活用。

［次の段階における主な施策・課題］
○ITでのペーパーレス化、社会保障・税番号制度（マイナンバー制度）活用
○証券決済期間の短縮化、信用力の低い企業の社債市場へのアクセス拡充
○監査の質の向上、公認会計士の魅力の向上

（2）アジアの潜在力[*10]の発揮、地域としての市場機能の向上、我が国との一体的な成長

① アジア各国における金融インフラ整備支援、企業の資金調達・貸出等の円滑化

［考え方］我が国がアジア各国の発展に貢献するとともに、アジア地域全体における市場機能を向上し、ひいては我が国がアジアと共に成長するために、各国の金融インフラ整備支援、本邦企業や金融機関がアジア各国でビジネスを行って行くための環境整備など、アジア地域全体の金融機能を強化することが重要である。

［2020年の姿］アジア各国に進出・展開する本邦企業が安定的に資金調達や事業運営を行えるよう、円滑な現地通貨の調達や、海外拠点を含むグローバルベースでの効率的な資金管理が行える環境の実現を目指す。また、アジアの金融・市場安定化機能を強固なものとし、さらに、アジア地域におけるクロスボーダーでの資金・証券の取引・決済の市場やシステムの確立を目指す。

［直ちに着手すべき主な施策］
○アジア各国の金融インフラ整備支援—各国の発展状況に応じて、ソフト面（法令制定等）、ハード面（決済システムIT化、取引所設立・運営等）双方の技術支援を強化。「アジア金融連携センター」（仮称）を新設、活用して人材交流を強化。
○本邦金融機関による海外地場銀行と本邦企業との取引の代理・媒介等—制度上の手

[*9] 企業会計審議会「国際会計基準（IFRS）への対応のあり方に関する当面の方針」（2013年6月20日公表）においても言及。
[*10] 世界のGDPに占めるアジア新興国のシェアは25％、実質成長率も＋6.4％。（"World Economic Outlook", IMF, 2012）

当てを着実に実施。
○国際協力機構（JICA）による現地通貨建ての海外投融資―通貨スワップを活用した新制度を創設[*11]
○JBICによる銀行間通貨スワップに対する保証―具体的な案件形成を促進
○グループ内企業の貸付規制緩和―本邦企業の海外拠点を含めた企業グループ全体としての最適な資金管理（キャッシュマネジメント）システムの構築に寄与。
○現地通貨と円の直接交換取引に向けた取組―民間事業者のアジア域内のATM相互接続ネットワークへの参加を後押し。

［次の段階における主な施策・課題］
○日銀ネットの稼働時間拡大
○日本国債を担保としたアジア各国中央銀行による現地通貨供給、アジア各国のとの二国間通貨スワップ
○アジアにおける社債市場の整備、域内クロスボーダー債券決済インフラの構築、小口送金に係る決済環境の整備等

② グローバルな発展を支える国際金融センターとしての東京市場の機能強化

［考え方］東京がアジアにおける「国際金融センター」として発展することにより、成長するアジアにおいて投資先を求めるグローバルな成長資金を効率的に仲介し、アジア等の発展に寄与するとともに、日本経済の成長につなげ、この経済成長が「国際金融センター」としての発展を加速させるという好循環を生む。そのため、アジア域内における金融制度改革の加速等も意識し、スピード感をもった不断の取組みを行うことが重要である。併せて、外国企業による我が国への投資を促し、日本経済の高度化・競争力強化につなげる取組みも必要である。

［2020年の姿］海外企業の東京市場での上場や外債を含む債券の起債や取引等が香港、シンガポール並みに行われるとともに、東京市場でアジア各国の通貨の取引が円滑に行われ、円・ドル・人民元等、クロスカレンシー取引のハブとして機能するなど、東京市場が、国際金融センターとして、内外投資家の多様なニーズに応えられるマーケットとなる姿を目指す。また、国内外のインフラファンドの組成・上場を東京市場の中長期的戦略として位置付け、既に本邦金融機関がリーグテーブルの上位を占め

[*11] 円と現地通貨の直接スワップ市場が未発達な中、スワップコスト低減のため、JICAによる政府保証外債（ドル建て）の発行を認める。

ているインフラ関連のプロジェクト・ファイナンスとともに、シンジケーション能力の向上を含めた、国内外のインフラ整備需要に応えられるよう目指す。

［直ちに着手すべき主な施策］
○金融商品取引業者の事業年度規制の見直し—金融商品取引法上規定されている金融商品取引業者の事業年度の始期及び終期が、海外の機関投資家や証券会社の会計年度の始期及び終期とは異なることによる業者の対応負担の軽減を図る。
○東京プロボンド市場[*12]—その活性化のため、必要な規制の見直しを行うとともに、コア投資家としてDBJによる東京プロボンド市場への投資枠設定等を検討。
○サムライ債の起債促進—JBICによるサムライ債保証・取得の適用対象を拡大[*13]。

［次の段階における主な施策・課題］
○ ASEAN諸国との債券発行手続の共通化、外貨建債券決済の仕組を整備
○イスラム金融支援
○金融専門家等が参加する国際会議の開催等による場の提供、情報ハブ化

（3）企業の競争力の強化、起業の促進
① 起業・新規事業創出等の促進

［考え方］日本経済の活性化を図っていく上では、金融・資本市場における改革を、実体経済の改革と「車の両輪」となって進める必要がある。起業から上場、事業拡大、国際展開といった企業の成長段階に応じた適切な資金供給の強化を図ることが重要である。特に、企業の研究開発・事業立ち上げ段階における資金供給を拡充し、事業のシーズとなる技術を起業につなげていくことが肝要である。

［2020年の姿］開業率10%[*14]の実現を目指す。我が国における新規株式公開（IPO）件数[*15]を香港・韓国を上回る水準に増加させることを目指す。ベンチャー企業や研究機関、ベンチャー・キャピタル、その他関連機関が集中するクラスターを形成するこ

---

*12) 東京プロボンド市場では、英語のみでの開示やプログラム上場が可能であるなど、ディスクロージャーや上場手続が簡素・柔軟化されている。
*13) これまで、ソブリンのみが対象であったが、今後は本邦金融機関と資本関係又は業務提携関係等を有する外国銀行等が現地日系企業又は日系企業とサプライチェーンを通じ商取引の関係を有する現地企業に対し長期資金を供与するために発行するサムライ債も対象とする。
*14) 現状は約5％。
*15) 日本（東証）、香港、韓国の年間IPO件数（2010～2012年の平均）は、それぞれ、48件、92件、70件（World Federation of Exchanges）。

とを含め、産業のイノベーションを喚起し、起業・新規事業創出を促進するため、資金が適切に供給される環境を構築する。

[直ちに着手すべき主な施策]
○リスクマネー供給促進―技術やアイデアを事業化する段階において必要なリスクマネーの供給を促進する手段としての<u>クラウドファンディングの本格整備</u>や、<u>新規上場時の負担軽減</u>による上場促進といった環境整備を推進。

[次の段階における主な施策・課題]
○起業・新規事業創出等に対し、エクイティ性資金の供給や事業化等の経営支援の重要性に鑑み、金融グループ全体としての取組み強化を促進

② 企業の中長期的な競争力強化・経営力向上に向けた企業統治強化
[考え方] 金融・資本市場と実体経済とが「車の両輪」として発展していくためには、金融・資本市場の改革と企業の競争力強化とが中長期的に並行して進められていくことが必要であり、企業の経営力向上が不可欠。また、本邦企業の競争力や経営力について海外投資家からの信頼を獲得させることも重要である。そのためには、企業自身が、生産・営業等の現場におけるチームワークや高い技術力といった「現場力」などそれぞれの経営上の「強み」・「弱み」を見極めつつ、成長力を有する部門の選別、経営資源の集中といった経営構造改革に向けた取組みを進めるよう促すことが必要である。さらに、質の高い企業統治を実現し、国際的に遜色のない株主資本利益率（ROE）を確保すること等により、企業の競争力強化を実現することが喫緊の課題である。

[2020年の姿] 成長企業、企業内における成長事業について、活発かつ健全な新陳代謝や再編が行われ、広く再チャレンジが可能となり、さらには、新たな産業が活発に勃興・成長する社会を実現することを目指す。また、中長期的視点からみた投資対象としても魅力の高い、真にグローバルな企業が数多く繁栄している経済社会を目指す。そこでは、高い成長力を有する部門への経営資源の集中、投資へのリターンを意識した経営、適切な企業統治が実現されなければならない。

[直ちに着手すべき主な施策]
○<u>JPX日経インデックス400の連動商品の開発・普及</u>―本邦企業の質の高い企業統治や

高いROEを実現するインセンティブ付けとして有効であり、GPIF等の資金運用に幅広く利用されることを慫慂。
○社外（独立）取締役の導入促進―質の高い企業統治を実現するためには、本年11月に国会へ提出された会社法の一部改正法案や2014年2月に実施予定の東京証券取引所の上場規則改正案を踏まえ、社外（独立）取締役の導入促進を図るとともに、金融機関に対する監督においても、上場している銀行及び銀行持株会社について、独立性の高い社外取締役の導入を促す。
○日本版スチュワードシップ・コードの早期策定―アセットマネージャー（運用会社）や、アセットオーナー（年金基金等）などの幅広い範囲の機関投資家が、企業との建設的な対話を行うことにより、起業の経営力向上に向けた取組みを促進するよう、コードを速やかに策定し、コードの受入れとコードに基づく開示状況を公表するとともに、国内外にわたる周知を徹底。

［次の段階における主な施策・課題］
○成長性に着目したマーケット指標の更なる開発・定着
○企業の健全な新陳代謝の観点から事業再編・倒産等の在り方を検討
○社外取締役の選任状況等を勘案し企業投資の在り方を検討
○日本版スチュワードシップ・コードの更なる改善

③ 金融機関の融資における事業の成長可能性の重視

［考え方］日本経済の活性化を図っていく上で、金融・資本市場における改革を、実体経済の改革と「車の両輪」となって進めるためには、金融機関によるコンサルティング機能の強化や目利き能力の向上が不可欠である。金融機関は、ABL（動産・売掛金担保融資）や資本性借入金を活用するなど、不動産担保や保証に依存せず、借手企業の事業価値を的確に見極めるとともに、事業価値の向上に資する取組みを行っていくことが求められる。このような観点から、金融機関は企業向け融資におけるコンサルティング機能、ハンズオン支援能力を含む目利き能力を十分発揮し、中小企業の経営改善・体質強化の支援に積極的に取り組んでいくことが重要である。また、企業が各ステージに応じた支援を受けられるよう、公的信用保証を含め、公的金融と民間金融との適切な役割分担を図る必要がある。

［2020年の姿］　金融機関が目利き能力等を向上させ、事業の成長可能性を重視した融資に転換する。

［直ちに着手すべき主な施策］
○金融機関の金融仲介機能を発揮させる監督—金融機関の監督において、金融機関による新規融資や経営改善・事業再生支援等への取組状況を重点的に検証するほか、債務者の財務状況だけでなく事業性をも重視した融資判断を促すとともに、金融機関全体の健全性の観点から影響の小さい小口の資産査定に関しては金融機関の判断を極力尊重する取組みを着実に推進し、金融機関が、適切なリスクテイクの下、積極的に金融仲介機能を発揮するよう促す。
○経営者本人の保証—起業や早期事業再生を促進する観点から、一定の条件を満たす場合には経営者本人保証を求めないことや、履行時において一定の資産が残るなど早期事業再生着手等のインセンティブを与えるよう、「経営者保証に関するガイドライン」[*16]が積極的に活用され、我が国の融資慣行として浸透・定着していくよう促していく。
○公的信用保証の合理化—過度な利用が中小企業者のモラルハザードを生じさせ、金融機関の目利き能力を損なうことを回避すべく、100％保証からの脱却に向け、セーフティネット５号保証制度における特例措置を早期に見直し。

［次の段階における主な施策・課題］
○金融機関による中小企業の経営改善・体質強化の支援の実績積上げ

（４）人材育成、ビジネス環境の整備等

［考え方］我が国の実体経済や金融の発展を支え、国際的な競争に伍していく基礎となるのは、いうでもなく人材である。我が国には、18世紀に堂島米相場会所が設置され世界初の先物市場が開かれたという歴史がある。日本人の「DNA」にはこのように豊かな構想力や創造性をもって世界的に高い水準の金融ビジネスを行う潜在能力が備わっている。この能力を呼び覚ますといった視点も踏まえ、高度な人材育成を展開していくことが必要である。

［2020年の姿］　人材の育成、海外からの高度人材の受入れを同時に進め、質・量共に十分な国際的人材を確保することを目指す。そのためには、一刻も早く初等中等教育から大学、大学院、ひいては企業等において、英語能力は当然としてグローバル人材の

[*16]「経営者保証に関するガイドライン研究会」（日本商工会議所と一般社団法人全国銀行協会）が、2013年12月５日、経営者保証に関する中小企業、経営者及び金融機関による対応についての自主的かつ自律的な準則である「経営者保証に関するガイドライン」を策定。

育成に全力であたるべきである。また、人材戦略の大前提として、国内外の高度金融人材にとって魅力のあるビジネス環境の整備も実現される必要がある。つまり、東京市場をシンガポール、香港、そして今後成長するであろう上海を上回るアジアでトップクラスの「国際金融センター」として発展させる中で、事業活動コスト、生活環境、諸規制や税制等を含めた総合的な競争条件として東京がそれらの都市と「戦える」ビジネス環境の整備を目指す。東京市場の情報ハブとしての機能強化を実現し、同時に、内外の国際金融の専門家・法務・会計の専門家等、高度人材の十分な往来が行われるようにする。金融行政においても英語による対応を強化し、金融サービスや企業経営における外国語対応能力の高度化を実現する。

[直ちに着手すべき主な施策]
○初等中等教育における英語の重視や、大学の国際化。そのため、日本人学生の留学や外国人留学生の受入れを推進するとともに、大学教官についても外国人や実務家を大幅に増加。特にビジネス経験、海外経験等が豊富な実務経験者といった民間有識者を活用。
○官民の金融サービスに関わる機関における英語力、IT能力等の強化を加速。
○<u>金融関係法令・ガイドライン等の英語化の徹底</u>—我が国の金融関連法規について、下位法令に英語化されていないものが残存していたり、法規自体は英語化されていても、その解釈に有用な英語の資料が不足していたりといった問題があることから、これらに速やかに対応。

[中期的に取り組むべき課題]　金融ビジネスにおける外国語対応能力の高度化は必須であるが、今後は特に、国際的な金融サービスの提供に対応する人材にとどまらず、高い能力を有する外国人が最大限その能力を発揮できるような、グローバルなマネジメント人材の育成も不可欠である。そのためには、金融機関から海外拠点等に積極的に職員を派遣するべきである。同時に、国内でも、海外の金融機関や運用機関の拠点誘致を通じた海外高度金融人材による国内人材の育成や、国内金融機関による優秀な外国人の積極的な雇用を通じた人材の活用が有効であり、高度人材の確保を容易とするための雇用制度の柔軟化も必要である。また、金融におけるIT人材の育成についてもキャリア制度の見直しといった対応が必要である。

人材戦略の前提となるビジネス環境の整備については、まず、東京において、香港やシンガポールといった他の国際金融センターを上回る水準を実現する必要がある。そのために、海外の金融機関や運用機関の拠点誘致、国内外の高度金融人材の東京で

の確保のために、特区制度を含め、総合的な政策を検討すべきである。加えて、例えばインフラ環境については、空港へのアクセスの改善等、居住環境については、インターナショナルスクールや、英語での診療可能な病院の充実などが必要である。同時に、金融の専門家、弁護士、会計士等の金融関連人材、医師やナニー（ベビーシッター）等の高度人材の生活に必要な人材については、ビザ要件を緩和する等我が国への入国・滞在を阻む要因を取り除き、積極的に受入れることが必要である。また、金融庁においては、金融に係る行政手続について、英語によるワンストップでの対応を実現すべきである。

4. 総　括

「2020年の姿」は、現状からの大きな跳躍であり、金融・資本市場関係者にとって従来になく積極的かつ果敢な取組みが必要とされるものであると同時に、金融専門人材の育成や起業・経営の支援人材の確保をはじめ、国際的なビジネス・生活環境の整備など、我が国経済社会の「土台」の変革にもつながるチャレンジングなものである。この目標を実現するためには、直ちに着手すべきとされたものは当然として、本提言を着実に実行し、その進展状況をフォローアップし、更なる施策を検討し積極的に講じていくなど、不断の取組みが求められる。そのため、本提言取りまとめ後もこの有識者会合を開催し、引き続き必要な具体的施策の検討を継続していくこととされた。

「金融・資本市場活性化に向けての提言」の概要

日本経済において、アベノミクスにより、デフレ下の縮小均衡から、次のステージの持続的な成長をもたらす「望ましい均衡」への跳躍・回帰が進む中、「金融・資本市場の成長戦略」の実行が喫緊の課題
- 人口減少、高齢化など構造的な課題に対応する意味からも、日本の有する資産の有効活用、海外との一体的成長、個人・企業の生産性向上を進める必要
- 特にアベノミクスによるインフレ期待の醸成、2020年の東京オリンピック・パラリンピック招致決定等により、内外の日本経済に対する期待と注目が集まる現在は好機
- その際、金融・資本市場の活性化策については、ものづくりをはじめとした実体経済と金融部門が「車の両輪」として相互に付加価値を生む好循環を実現することが重要

2014年から直ちに着手すべき施策	次のステップ
①**豊富な家計資金と公的年金等が成長マネーに向かう循環の確立** ・国民のライフサイクルに応じた資産形成の支援 ・GPIF（年金積立金管理運用独立行政法人）等の改革 【海外年金ファンドとの共同投資等】 ・インフラファイナンス市場の整備 【東証による上場インフラファンド市場の創設等】　　　等	・更なる個人の投資促進策 ・更なるGPIF等の改革の取組み ・インフラファイナンス市場の対象事業拡 　　　等
②**アジアの潜在力の発揮、地域全体としての市場機能の向上、我が国との一体的な成長** ・アジア各国の発展状況に応じた金融インフラ整備支援 ・アジアでの資金調達等の円滑化 【グループ内企業の貸付規制緩和、JICA（国際協力機構）による現地通貨建ての海外投融資等】 ・東京市場での起債等促進 【DBJ（日本政策投資銀行）による東京プロボンド市場への投資枠設定、JBIC（国際協力銀行）によるサムライ債保証・取得の適用対象拡大等】　等	・クロスボーダー債券発行・取引円滑化のための市場整備 【ASEAN諸国との債券発行手続の共通化等】 　　　等
③**企業の競争力の強化、起業の促進** ・リスクマネー供給のための各種施策 ・クラウドファンディングの本格化等、新規上場時の負担軽減等】 ・企業の新陳代謝・ガバナンス強化に向けた取組 【成長性に着目したマーケット指標の導入、スチュワードシップコードの導入等】 ・事業性重視融資の促進　　　等	・起業等を支援する取組みの強化 ・産業・企業の新陳代謝の促進 ・事業性重視融資の定着　　　等
④**人材支援、ビジネス環境の整備等** ・金融関連法令・ガイドライン等の英語化の徹底　　　等	・グローバルなマネジメント人材の育成　等

【2020年の姿】…国際金融センターとしての地位を確立

【豊富な家計資金と公的年金等が成長マネーに向かう循環の確立】
- 個々人がライフサイクルに応じてリスク資産をも適切に組み込んだ資産形成を行う社会
    - 内外のスキルの高い機関投資家が東京市場に集まり、高度な運用を競い合う市場
      GPIFなど公的・準公的資金の高度運用、スチュワードシップコードや適切な企業統治
- 東京市場がアジアナンバーワン市場としての地位の確立
    - 総合取引所に内外の多様な商品が上場され、アジアをはじめ多様な投資家や企業が参加する活発な市場の形成
    - インフラファイナンス市場が高度に発達

【アジアとともに成長する我が国金融・資本市場】
- アジア各国における本邦企業の円滑な現地通貨建て資金調達・貸出等の実現
- アジア地域におけるクロスボーダーでの資金・証券の取引・決済の市場やシステムの確立
- 東京市場が国際金融センターとしてアジアへの資金供給、海外から日本への投資において高い仲介機能を発揮

【グローバルで我が国の強みを生かした成長性ある企業群の発展】
- 新産業・新規企業が活発に勃興し成長する活力ある企業社会の実現
    - 高い開業率（10%）・新規公開数、技術・アイデアの事業化を支援する高度人材ネットワークの実現
    - 我が国企業の強みを生かしつつ投資対象として魅力的で真にグローバルな企業が数多く繁栄
      高い成長力を有する部門への経営資源の集中、投資へのリターンを意識した経営、適切な企業統治
    - 金融機関の融資における事業の成長可能性の重視

【質・量共に十分な国際的人材の育成・確保】

第2章
金融・資本市場活性化について
（追加提言）
―金融・資本市場活性化有識者会合の新提言―

1．経緯

　金融・資本市場有識者会合は、昨年12月13日に「金融・資本市場活性化に向けての提言」[*1]を取り纏めた。その後、元メンバー[*2]に加え、三村明夫　日本商工会議所会頭（新日鐵住金（株）相談役名誉会長）も新たにお迎えし、「提言」の進展状況をフォローアップすると共に、更なる施策を検討し積極的に講じていくため、引き続き、「会合」の開催を続け、検討を重ねてきたところである。

　「提言」は実行されなければ無意味であるところ、6月12日には年末の「提言」を受けた金融庁・財務省等における取組が公表され、「提言」の着実な進捗[*3]が確認された。

[*1] 拙稿「金融・資本市場活性化について」（ファイナンス2014年1月号）参照。提言本体は財務省ホームページ http://www.mof.go.jp/about_mof/councils/kinnyuukaigou/report/index.html を参照。
[*2] 伊藤隆敏政策研究大学院大学教授、岩間陽一郎日本投資顧問業協会会長、奥正之（株）三井住友フィナンシャルグループ取締役会長、小島順彦三菱商事（株）取締役会長、斉藤惇（株）日本取引所グループ取締役兼代表執行役グループCEO、吉野直行アジア開発銀行研究所所長（慶應義塾大学名誉教授）（敬称略。肩書きは26年6月時点）。幹事は伊藤隆敏教授。事務局は金融庁総務企画局政策課と財務省国際局開発政策課。
[*3]「提言」実施の具体的な内容については、「『金融・資本市場活性化に向けての提言』を受けての取組」（財務省ホームページ　http://www.mof.go.jp/about_mof/councils/kinyuukaigou/report/torikumi.pdf）を是非、ご覧頂きたい。

また、本年入り後の「会合」では、我が国の実体経済の成長を促し、また、東京市場を2020年までにアジアでトップクラスの国際金融センターとして発展させるという観点から、新たなヒアリングに加え、シンガポール市場の分析[*4]等を行いつつ、新たな論点や「提言」を更に深堀りした論点が議論された。

　その結果、「金融・資本市場活性化に向けて重点的に取り組むべき事項（提言）[*5]」が取り纏められ、6月12日に麻生副総理兼財務大臣に提出された。本提言では、コーポレート・ガバナンス等でより踏み込んだ提言を行うと共に、新たな論点として、様々な問題点が指摘されている投資信託の改革や、最重要の金融インフラである決済機能の高度化についてかなり深掘りしている。また、国際協力銀行（JBIC）の新インストルメント導入等、国際展開の新機軸も提言されている。本提言は、いわば、成長戦略の金融部分を構成するものであり、6月24日に閣議決定された「『日本再興戦略』改訂2014」にも提言の多くを取り入れて頂いている。

　なお、今後については、昨年12月の「提言」等を踏まえた施策の進展状況のフォローアップを続けると共に、「会合」も引き続き開催され、経済界・金融界における取組や諸外国の事例なども参考に、新たな施策の方向性について提言を行っていくこととされている。

2．追加提言の考え方

（1）基本認識
① 我が国は、高度な技術力や生産基盤などを背景とする潜在的に投資魅力の高い企業群や1,600兆円を超える厚みのある個人金融資産が国内に存在するといった強みを有しており、我が国実体経済の成長や東京市場の発展を図る上では、こうした強みを

[*4] シンガポールでは、自国の強みと弱みを認識し、資源・産業規模面での制約や他国との競争状況を踏まえ、海外の機関投資家や富裕層の資金を呼び込み、アジア諸国の市場やインフラに投資し運用するという、いわば「外－外」の取引を中心にウェルスマネージメントや資産運用業等に分野を絞った上で、市場や業界の育成、海外からの高度人材の獲得や国内での育成等も含めた幅広い施策を戦略的に講じることを通じて、国際金融センターとしての地位向上に成功した。但し、アジアの中心にあり、空港アクセスも極めて便利、華僑・印僑ネットワークの結節点として情報が集中、英語が公用語であり法体系も英米法準拠、特殊な都市国家であり機動的な政策運営が可能といった優位性があり、英語化や交通利便性向上、学ぶべき長所が多々ある一方、そうでないものもあり、是々非々で東京市場の長所を伸ばしていくことが必要。

[*5] 新「提言」本体は、財務省ホームページ　http://www.mof.go.jp/about_mof/councils/kinyuukaigou/report/teigen.pdf　を参照。また、その概要は本稿末尾参照。

生かした戦略を考えていくことが肝要。また、トップクラスの国際金融センターとなる大前提として、人材の育成・集積を含めた高度な金融インフラを整備することは当然であり、早急な整備が必要。
② また、アジア経済が急速に発達し、本邦企業が積極的に現地でのビジネス展開を図っている中、我が国経済や金融・資本市場がアジア経済と一体的に発展していく視点も不可欠。

（2）追加施策の観点

① 潜在的に投資魅力の高い企業の多さという我が国の強みを高めるには、企業の競争力を強化し、国内外の投資家にとっての投資魅力を高めることが重要。そのためには、グローバル企業の収益性や株主還元に対する企業側の意識を変革し、売上高利益率やROEなどを国際的に遜色のない水準まで高めていくことが不可欠。収益構造を強化するため、グローバル企業は、それぞれの経営上の「強み」・「弱み」を見極めつつ、成長力を有する部門の選別や、M＆Aなどを果断に行うべき。このような経営構造改革を促すため、投資家および投資を受ける企業の双方において、コーポレート・ガバナンスの強化を促す施策が必要であり、また、グローバルな高度経営人材を確保した上で実際に経営改革への取組が進展することも重要。また、公的金融機関がグローバル展開する本邦企業に融資を行う場合には、公的金融に過度に依存するモラルハザードは回避しつつ、グローバルな競争環境の下で本邦企業が生産性を高め、収益力を強化できるようにするため、企業の収益力を上げるような案件に重点化すると共に、これらの企業の多様な資金ニーズに的確に対応していくべき。

他方、大企業とは異なり、グローバルな競争に直面していない、ローカル経済圏をベースとした企業群は、我が国の各地域において我が国の産業・経済を支えており、企業の規模や業容、競争環境等の状況に応じて持続性を高め、地域の活性化に資するため、地域企業の効率性・収益力・生産性の引き上げが求められているところ。また、このことは、我が国の強みである製造業等の産業の層の厚さを確保・向上していく上でも必要。こうした観点から、地域金融機関においては、地域に根ざした企業の事業性に着目した融資の促進や、事業再生支援の取組強化などが重要。

② 豊富な個人金融資産や年金資金等という我が国の強みを活かすためには、これらの資金が成長マネーに向かう循環を確立することが重要。例えばNISAの一層の浸透に向け、制度趣旨や利用者ニーズを踏まえた施策を推進するなど、家計のライフサイクルを踏まえ、世代に応じた資産形成を行える環境の整備や、GPIF等のガバナンスを始めとする運用・リスク管理の高度化に向けた改革を一段と加速すると共に、こ

れらを担う日本の投資運用業について、運用環境の整備を通じて運用のプロフェッショナルの集積を促し、全体的なレベル向上を図るべき。
③　アジア諸国と我が国の一体的な経済成長をサポートする観点からは、地域としての金融・市場機能の向上を図ることが不可欠。このため、アジア諸国との連携・協力の緊密化を通じて、各国の金融・市場インフラ整備を支援することが必要。アジア地域全体の金融・市場機能を強化する上では、我が国がこれまで培ってきた市場インフラや決済システム、金融検査・監督行政の知見を有効に活用することが期待されるが、同時に我が国自身の金融市場の市場機能及び決済機能の高度化・国際標準化を図ること等により、グローバルベースでの効率的な資金決済環境の改善に向け、我が国が積極的な役割を担っていくべき。
④　東京市場をアジアでトップクラスの国際金融センターとするためには、世界中からの高度金融人材の集積を図るとともに、国内において高度金融人材を育てていくことも重要。そのためには、国内における人材育成や女性の活用などを一層促進するとともに、高度金融人材にとってビジネスや生活をしやすい環境の整備を図ることが必要。また、国際金融センターが必要とする法務・経理・コンサルティング等の関連サービスの供給体制及び機能の強化、利用しやすい行政窓口の整備、IT環境の充実等も必要。その環境整備のため、金融庁におけるベター・レギュレーションの一層の推進、金融行政窓口のワンストップ化・英語化にも取り組むことが必要。
⑤　東京圏が「東京発グローバル・イノベーション特区」として国家戦略特区に指定され、また、民間から海外向けプロモーション活動を行う日本版メイヤーの設置等の提言を盛り込んだ構想[*6]が公表されたが、こうした動きとも十分連携していくことが必要。

3．追加提言の具体的施策

（1）企業の競争力の強化、起業の促進による収益力の向上
① 方　針
　グローバルな競争環境の下で事業を展開する企業については、諸外国に比して低い水準にある我が国企業の収益力を向上させ、コーポレート・ガバナンスの強化を図ることによ

[*6] 本年5月16日に公益社団法人日本経済研究センター、株式会社大和総研及びみずほ総合研究所株式会社が、「東京金融シティ構想の実現に向けて」を公表。

り、中長期的視点からみた投資対象としての企業の魅力を高め、更に内外からの投資を惹きつける好循環を確立。

　他方、こうした企業とは異なりグローバルな競争に直面していない地域経済圏をベースとした企業等の資金調達の一層の円滑化を後押しする観点から、例えば動産・債権譲渡登記制度の利便向上などABLの普及促進を図ることや、大企業や公共・公益分野を含む電子記録債権の利用拡大を推進。また、企業の競争力を高め、新規事業が起業しやすい環境を作るため、産業・企業・事業の活発かつ健全な新陳代謝や再編を促進。

② **具体策**

1）新「海外展開支援融資ファシリティ」の創設

　JBICの現行ファシリティの対象を本邦企業の収益力向上に資する案件に重点化すると共に、新たな融資手段として、①「劣後ローン[7]」、②「LBOファイナンス[8]」を導入

2）より良いコーポレート・ガバナンス[9]に向けての環境整備

○コーポレートガバナンス・コード[10]の検討

○日本版スチュワードシップ・コードの実施状況の点検[11]と普及・定着のための努力

○収益性やコーポレート・ガバナンス等に着目して選定された企業で構成されたJPX日経インデックス400について、先物の早期上場を支援するなど普及・定着のための積極的な取組を促進

3）事業再生手続の円滑化に向けた私的整理の在り方の見直し

　多数決により私的整理を成立させる枠組みの検討[12]

---

[7] 自己資金やシニアローンだけでは資金が不足する企業等に対して劣後ローンを供与することにより、会計上の自己資本を増やすことなく、総資産を拡大して財務レバレッジを高めると共に、シニアローンより高い金利を払う必要があることから、より収益性の高い事業に投資して総資産利益率（ROA）を向上させ、両者相俟って、株主資本利益率（ROE）を上げるインセンティブを導入。

[8] 日本企業が買収等のために出資するSPCに対し、当該企業による保証を取らずに直接資金を貸し付けるLBO（Leveraged Buyout）ファイナンスを導入することにより、海外M&A等を積極的に進めたいが巨額の買収資金の調達が困難な日本企業が買収を実行できる手段を提供して財務レバレッジを拡大すると共に、買収先企業のキャッシュフローに着目して実施されることから、高い収益が見込まれる海外企業が買収の対象となり、ROAを向上させ、両者相俟ってROEを上げるインセンティブを導入。

[9] 企業が、株主をはじめ顧客・従業員・地域社会等の立場を踏まえた上で、透明・公正かつ迅速・果断な意思決定を行うための仕組み。

[10] 上場企業のコーポレート・ガバナンス上の諸原則を記載したもの。「コーポレート・ガバナンスに関する基本的な考え方を諸原則の形で取りまとめることは、持続的な企業価値向上のための自立的な対応を促すことを通じ、企業、投資家、ひいては経済全体にも寄与するもの」との認識が『「日本再興戦略」改訂2014』で示されている。

[11] 金融庁は6月10日にスチュワードシップ・コードの受け入れを表明した127の機関投資家を公表。

4）監査の質の向上、公認会計士資格の魅力の向上に向けた取組の促進
　企業や市場関係者等における会計・監査の役割に関する認識の向上、公認会計士の活動領域の拡大、会計人材の育成、監査水準の向上、日本公認会計士協会の自主規制機能の強化等に資する具体的施策の検討、実施を促進

（２）豊富な家計資金と公的年金等が成長マネーに向かう循環の確立（資産運用ビジネスの発展促進と中長期的な資産形成に資する投資商品の提供に向けた環境整備の促進）

（２－１）受託者の意識改革等を通じた投資運用業の強化
① 方　針

投資運用業の底上げを図ると共に、投資家に真の利益をもたらす投資商品の提供に向けた環境整備を進めていく。また、コモディティ商品を含め、取引所の上場商品ラインナップの多様化を通じた市場の魅力向上も図る。

外国の投資運用業を巡る制度や取引慣行を参考にしながら、資産運用の担い手が投資家に対する受託者としての責務を真に認識し、投資のプロとしての専門性を発揮し、真に投資家の利益の最大化を目指した運用が行われるよう、幅広い方策の検討を進める。

② **具体策**

1）受託者の意識改革
　　投資運用業者に係る情報開示の充実、投資運用業者と投資家との利益相反の防止、運用のプロとなる人材の育成・確保等を促進
2）投資運用業の発展・拡大
　　プロ向け投資運用業に係る運用財産規模（200億円）の制限緩和、アジア地域への投資商品の提供拡大、運用財産相互間取引の規制など外国に比べ厳しい我が国規制の見直し等

（２－２）投資信託を通じた資産形成の促進
① 方　針

投資信託のコストや運用態勢についての説明の充実・透明化を図り、運用者の質の向上を図るとともに、投資家のライフステージやリスク特性等を踏まえた投資商品の提供・普及や、商品内容の投資家への分かりやすい説明を、運用者・販売会社双方に促していく。

＊12）具体的には、2014年3月に開始した商事法務研究会主催の「事業再生に関する紛争解決手続の更なる円滑化に関する検討会」における議論を支援していく。

このほか、ライフサイクルに応じた家計の資産形成に関しては、下記を検討：
1) 幅広い現役世代の人々が各自の判断に基づき、老後に備えた中長期の運用を通じて豊かな老後生活をおくることができるよう、確定拠出年金等の更なる普及・利用促進に向けた制度改正
2) NISA については、若年層や投資未経験者への普及が課題[*13]であり、NISA の一層の浸透に向け、制度趣旨や利用者ニーズを踏まえた施策の推進により、資産形成層における理解や投資家の裾野を拡大

② **具体策**

投資信託について、運用者の運用経歴等も含めた運用態勢やパフォーマンスの透明性の向上、手数料等に関する説明の充実、預かり資産の増加等にインセンティブが働く営業員の評価体系への移行の推進、投資家が自らの属性（年齢、金融資産、リスク許容度、収入等）に適した商品を選択しやすくするためのリスク・リターンの定量的な比較の表示、運用状況に関する情報開示の改善等

（2－3）GPIF

GPIF をはじめとする公的・準公的資金については、各所管大臣の下、デフレ脱却を見据えた運用の見直しやリスク管理体制等のガバナンスの見直しなどの改革に取り組んでいるところ。今後、人事・給与制度の見直しによる運用の専門人材の活用などに加えて、運用の独立性・専門性を高めるためのガバナンス体制の早期の構築、その進展も踏まえたポートフォリオの見直しなど、各資金の規模・性格に応じた改革を一段と加速。

（2－4）インフラファイナンス

① **方　針**

海外のインフラ投資について、官民連携による資金供給力向上のための方策について検討。国内のインフラ整備を効率化するため、PPP／PFI を活用する。現状では、各種交付金・補助金・地方債制度などが自治体の低コストの資金調達を下支えし、PPP／PFI の普及の妨げとなっている面があるが、中長期的なインフラの更新費用等が巨額に上る見通し等を踏まえ、PPP／PFI を推進するための地方財政上の工夫について検討を進めるとともに、民間資金の活用に向けた課題を整理。また、インフラファイナンス市場の整備・発展を更に促進。

[*13] NISA（少額投資非課税制度）の本年3月末時点の投資総額は1兆34億円（650万口座）。60歳以上による投資が65％を占め、現役世代の利用は低調。

② **具体策**
1）制度面での支援を通じて、内外のインフラ施設に投資するファンドの上場市場を東証において早期に創設し、投資家の多様な資金運用ニーズに応えるための新たな上場商品を実現するとともに、インフラ資産への民間資金の供給を促進
2）ヘルスケアリート[*14]の更なる上場推進や普及・啓発等

（3）アジアの潜在力の発揮、地域全体としての市場機能の向上、我が国との一体的成長、我が国における金融機能の高度化・決済システムの高度化等の金融インフラ構築

① **方　針**

アジア金融連携センター等を活用し、金融当局者との人材交流や金融インフラ整備支援の推進等によるアジア連携の深化・定着を進め、地域全体としての金融機能・市場機能の向上を図ると共に、ABMI[*15]の下、アジア域内において効率的で流動性の高い債券市場の育成を推進。

また、海外との資金・債券の取引・決済の円滑化および機能高度化に向けて取り組んでいくとともに、我が国自身の資金決済についても機能の高度化を図る。

引き続きDBJを活用した東京プロボンド市場の活性化を図るとともに、必要な規制の見直しを推進。

金融庁、公認会計士・監査審査会、日本公認会計士協会が連携し、国際的素養を備えた公認会計士等の専門人材を育成するとともに、こうした専門人材の海外進出やネットワーク形成の促進を図る。

② **具体策**
1）グローバルな通貨・債券等の取引・決済を行うためのインフラの整備・活用
○日銀ネットの稼動時間拡大に伴い、海外との決済時間帯の重なりが増えることを活用した、本邦企業・金融機関における現地通貨の円滑な調達や海外拠点を含めたグロ

[*14] 有料老人ホームやサービス付き高齢者向け住宅等を対象とした不動産投資信託。通常のREITと比べ、運営主体（オペレーター）の能力が収益により大きく影響することから、オペレーターに関する詳細な情報の開示等の環境整備が重要。

[*15] アジア債券市場育成イニシアティブ（Asian Bond Markets Initiative）。アジア通貨危機の教訓（ドル等の外貨を海外から短期で借り入れ、自国通貨建てで国内の長期の融資に向ける、いわゆる「ダブル・ミスマッチ」がアジア通貨危機の一因と言われている）を踏まえ2003年より、ASEAN＋3の間で、アジアにおける貯蓄をアジアに対する投資へと活用するため、効率的で流動性の高い債券市場を育成することを目的として開始。この間、ASEAN＋3諸国（日本・香港を除く）の債券市場の規模は約6倍に拡大している。

ーバルベースでの効率的な資金・証券管理（国債レポ等）等の実現[*16]
○アジア域内のクロスボーダーでの証券投資やクロスカレンシー取引の円滑化の促進を狙いとした、域内のクロスボーダー債券決済インフラの構築に向けた取組の推進[*17]
○ ASEAN 諸国との債券発行に係る書類・手続の共通化の推進
○東京市場での外国通貨の資金調達力向上、特に、東京市場における外貨取引の決済銀行業務の推進を図るとともに、東京市場における外貨建債券の発行・流通など、クロスボーダー取引の促進
○外国為替取引について、諸外国における電子化の進展を踏まえた、東京市場における金融機関の対応の検討

2）国内決済や企業間決済の高度化
○諸外国の動向も参考に、全国銀行協会および全国銀行資金決済ネットワークが中心となって、資金決済に係る具体的な改善内容、そのスケジュール等について、早期に検討を行い、本年内を目処に結論[*18]
○国内送金における EDI 情報の添付拡張については、企業と金融機関との連携を強化し、流通業界と金融機関との共同システム実験の結果等も踏まえつつ、速やかな対応[*19]

3）イスラム金融の普及に向けての環境整備
　銀行本体で認められるイスラム金融取引の明確化[*20]

（4）人材育成、ビジネス環境の整備
① 方　針
　近年、我が国企業の国際化は進展しており、国内であっても様々なレベルで外国人が勤務し、日常的に英語によるコミュニケーションが必要となるとともに、日本人従業員も海外拠点に赴任し、多数の外国人従業員をマネジメントすることが求められるようになって

[*16] 日銀ネット（国債系）が欧州等における取引時間に稼働していることにより、邦銀が大量に保有する日本国債を海外でレポや担保に利用する際にも、即時決済が可能となる。
[*17] 日本の証券決済システム（CDS）と資金決済システム（RTGS）をアジア諸国の CDS・RTGS と接続することによって、クロスボーダー・クロスカレンシーの証券決済を即時に行うことができるようになる。
[*18] 銀行振込みの利用可能時間について、例えば、英国では24時間365日15分以内の振込みが一部の金融機関において可能となっており、諸外国もこれに続いて改善策を検討中。日本国内の銀行振込みについても、こうした動きを踏まえた改善策の検討が行われる見込み。
[*19] EDI 情報とは、企業間の取引にかかる支払明細の情報（受注や発注、請求等に関する情報）のこと。送金時に、送金情報と同時に送ることができる EDI 情報の要領を拡張することで、企業の財務処理の大幅な合理化が期待できる。
[*20] 現在は、銀行の海外子会社にのみイスラム金融取引が認められている。

いる。こうした状況を踏まえ、国内における人材の国際的なコミュニケーション能力やマネジメント能力の向上に取り組む。また、高度金融人材にとってビジネスや生活をしやすい環境を整備。

国民の金融に関する知識や判断力を高めるための金融経済教育を推進。また、大学・大学院におけるファイナンス・運用に関する専門的なカリキュラムの設置・充実を進め、有能な実務家教員の活用を進めつつ、このようなカリキュラムを教えられる教員の充実を図る。「女性が輝く日本」の実現のため、女性の登用を促す施策を検討。

② **具体策**
1) 人材のグローバル化のための方策の検討
○官民の様々な取組を活用し、金融分野におけるグローバル人材の裾野を広げるための方策を検討
○発信力、リーダーシップ、異文化適応能力等の向上のため、初等・中等教育を含む教育の各局面における幅広い人材育成の対応について働きかけ
○金融機関や事業会社におけるグローバル人材の育成についてのヒアリングを通し、問題の所在やその対応策を分析（例：外国人メイドの雇用促進、配偶者の在留資格許可の条件の緩和）
2) 対外発信力の強化に向け、海外のオピニオン・リーダーへ常時、正確な情報を提供すること、国際的な影響力のあるオピニオン・リーダーの育成を検討
3) 金融経済教育の進め方
○大学の教養課程をはじめ、ライフステージの各段階における金融経済教育の実施に向けた働きかけ
○有能な実務家教員の活用と、トップクラスの教員を集積する大学（院）の選別

（資料）金融・資本市場活性化有識者会合の新たな提言の骨子
１．コーポレートガバナンス・コードの検討などを通じた本邦企業の競争力を強化
① コーポレートガバナンス・コードの検討
② 日本版スチュワードシップ・コードの実施状況の点検と普及・定着のための努力
③ 新「海外展開支援融資ファシリティ」の創設
（「劣後ローン」、「LBOファイナンス」の導入）

２．投資信託や受託者の意識を改革することにより、豊富な家計資金が成長マネーに向かう循環の確立を更に後押し
① 投資信託について、運用者の運用態勢やパフォーマンスの透明性の向上、手数料や

運用状況等に関する説明の充実、預かり資産の増加等にインセンティブが働く営業員の評価体系への移行の推進等
② 投資運用業者に係る情報開示の充実、投資運用業者と投資家との利益相反の防止、運用のプロとなる人材の育成・確保等を促進

3．我が国の商取引・金融取引を革新するため、決済機能の高度化等により、グローバルベースでの資金・証券管理環境を実現
① 本邦企業・金融機関における海外現地通貨の円滑な調達や海外拠点を含めたグローバルベースでの効率的な資金・証券管理（国債レポ等）等の実現
② ASEAN諸国との債券発行に係る書類・手続の共通化の推進
③ 国内資金決済の具体的な改善内容・スケジュール等を早期に検討し、本年内を目途に結論
④ 国内送金におけるEDI情報の添付拡張について、速やかな対応

4．金融経済教育の推進や、人材のグローバル化の支援を通じ、人材の質を向上
① 大学の教養課程をはじめ、ライフステージの各段階における金融経済教育の実施に向けた働きかけ
② 官民の様々な取組を活用し（例：国際即戦力育成インターンシップ事業）、金融分野におけるグローバル人材の裾野を広げるための方策を検討

著者略歴

神田 眞人

　東京大学法学部卒業、オックスフォード大学経済学大学院卒業（M. Phil）。旧大蔵省入省後、十和田税務署長、世界銀行審議役、主計局主査（郵政、運輸担当等を歴任）、国際局為替市場課補佐、大臣官房秘書課企画官、世界銀行理事代理、主計局給与共済課長、主計局主計官（文部科学、司法・警察、経済産業、環境、財務担当を歴任）、国際局開発政策課長、国際局総務課長を経て、金融庁参事官（現職）。元オックスフォード日本協会会長、浩志会代表幹事など。

　主編著に『アジア経済ハンドブック』、『図説　国際金融』〈以上、財経詳報社〉、主著に『強い文教、強い科学技術に向けて』、『世界銀行超活用法序説』〈以上、学校経理研究会〉、主共著に『対話の向こうの大学像』〈岩波書店〉など。

国際金融のフロンティア

平成27年10月27日　初版発行

編著者　神　田　眞　人
発行者　宮　本　弘　明

発行所　株式会社　財経詳報社

〒103-0013　東京都中央区日本橋人形町1-7-10
電　話　03（3661）5266（代）
ＦＡＸ　03（3661）5268
http://www.zaik.jp
振替口座　00170-8-26500

落丁・乱丁はお取り替えいたします。　　　　　　　印刷・製本　図書印刷
©2015　　　　　　　　　　　　　　　　　　Printed in Japan 2015
ISBN　978-4-88177-420-5